"互联网营销师"职业技能等级认定教材

互联网营销师——视频创推员

湖南省人力资源和社会保障厅职业技能鉴定中心
长沙市雨花区蓝海探索融媒体职业技能培训学校 　组织编写

张建英　刘洁　杨自辉　主　编

王杨　向林峰　乔钟兴　郑志强　副主编

向婷　杨丹　刘可　杨洁　李卫　参　编

电子工业出版社

Publishing House of Electronics Industry

北京·BEIJING

内 容 简 介

本书全面系统地介绍视频创推员所需掌握的核心技能与工作流程，内容涵盖宣传准备，设备、软件和材料准备，风险评估，视频拍摄，视频内容，视频推广，流量监控，售后，复盘等多个关键环节，特别强调了视频创意方案的设计、专业拍摄设备的使用、视频制作与剪辑技巧，以及有效的视频推广策略。同时，本书还介绍了流量监控、团队架构设置等高级管理技能，旨在培养视频创推员的专业素养与综合能力。通过具体短视频案例分析和实操演练，帮助读者系统掌握视频创推的全流程，提升视频创作与推广的实战能力。

本书可以作为互联网营销师的培训教材，也可供相关从业人员参考。

图书在版编目（CIP）数据

互联网营销师：视频创推员 / 张建英，刘洁，杨自辉主编. —— 北京：电子工业出版社，2024. 6. —— ISBN 978-7-121-48299-1

Ⅰ. F713.365.2

中国国家版本馆CIP数据核字第2024E3E240号

责任编辑：陈　虹　　文字编辑：张　彬
印　　刷：北京捷迅佳彩印刷有限公司
装　　订：北京捷迅佳彩印刷有限公司
出版发行：电子工业出版社
　　　　　北京市海淀区万寿路173信箱　邮编　100036
开　　本：787×1 092　1/16　印张：10.25　字数：262.4千字
版　　次：2024年6月第1版
印　　次：2025年9月第4次印刷
定　　价：45.00元

"互联网营销师"职业技能等级认定教材

编委会

序

近年来，随着平台经济、数字经济、人工智能的发展，互联网营销师、网约配送员、工业机器人系统操作员、无人机驾驶员等一批新职业应运而生，职业内涵和从业方式正在发生深刻改变。新职业新业态的发展，一方面有巨大的岗位创造能力，在拉动就业的同时不断优化就业结构、提高就业质量；另一方面，新职业新业态也面临着巨大的人才缺口，需要大力开展新职业新业态职业培训，进一步释放"培训红利"，强化"培训赋能"，创造相关领域技能人才培养的"加速度"。

为适应新技术、新产业、新业态发展需求，改善新职业人才供给质量结构，近年来，人力资源社会保障部门专门出台政策文件，大力开展新职业新业态职业培训，推动技能人才队伍高质量发展。针对当前新职业新业态培训存在的培训供给不足、培训标准和评价标准不完善等问题，大胆创新举措，主动创造条件，积极探索具有特色的路径和方案，推动新职业新业态培训方向更明、路径更宽、动能更强、基础更实、质量更好。

在这种背景下，为深入贯彻落实中共中央办公厅、国务院办公厅印发的《关于加强新时代高技能人才队伍建设的意见》文件精神，大力实施"三高四新"重要战略，培育一批具有工匠精神的高技能人才，全面提升从业人员素质，进一步推动高技能人才队伍建设，助推企业数字化转型升级，湖南省人力资源和社会保障厅职业技能鉴定中心委托相关机构组织编写了"互联网营销师"职业技能等级认定教材。希望通过一批新职业培训教材的出版，带动新职业培训体系的不断健全与完善。教材编写始终秉承以下原则。

——立德树人、德技并修。大力弘扬和培育劳模精神、劳动精神、工匠精神，坚持工学结合、知行合一、德技并修，聚焦劳动者技能素质提升，注重培养劳动者的职业道德和技能素养。

——就业导向、讲求实效。牢固树立职业培训为就业服务的理念，不断提升培训内容质量，只讲干货，为劳动者储备就业技能，促进就业创业，提高工作能力。

——共建共享、协同发力。加强对职业技能培训资源的统筹利用，发挥科研机构、公共实训基地和职业院校等的作用，鼓励支持龙头企业、社会资源依法参与职业技能培训，推动共建共享，形成工作合力。

——市场引导、政府支持。构建以企业为主体、职业院校为基础、政府推动与社会支持相结合的职业技能培训体系，引导劳动者根据社会需要和个人需求积极参与职业技能培训。未来几年依然是新兴行业的快速崛起与成长期，职业技能培训市场也将呈现良好的发展势头。职业技能培训作为职业教育的重要板块，市场规模由 2017 年的 3092 亿元，增至 2022 年的 4191 亿元，年复合增长率为 6.27%；未来将持续增长，预计于 2026 年达到 5384 亿元，年复合增长率为 6.4%。

我们应该意识到职业教育培训行业的重要性和潜力，并积极推进其发展。只有加强对职业教育培训行业的监管、促进其规范化发展，才能更好地完善人才培养体系，为中国经济转型升级提供具有竞争力的人才支持。相信在各方共同努力下，职业教育培训行业一定会为社会经济发展注入新的动力，成为推动中国经济持续、健康、稳定、高质量发展的重要力量。

前　言

随着互联网经济的快速发展，人们的生产生活方式也发生了巨大的改变，电子商务成为主流的消费方式之一，网络营销成为促进电商销售的主要手段。网络营销能够极大限度地突破时空的约束，拓展消费需求，创新消费场景，提升消费体验，有效缓解企业产品滞销困局，增强经济韧性。

《人力资源和社会保障部关于健全完善新时代技能人才职业技能等级制度的意见（试行）》重构了职业技能等级体系。新的职业技能等级体系是适应高质量发展需要，促进职业技能等级认定结果与岗位使用有效衔接的重要抓手。新制度下，技能等级是独立衡量工人技术能力的标尺，能客观反映技能人才的技能等级水平和职务岗位，并与薪酬激励、福利待遇、职业发展等相联系。2020 年 7 月，国家正式确定互联网营销师成为新职业并公布了相应的《国家职业技能标准》。互联网营销师具体分为直播销售员、选品员、视频创推员、平台管理员 4 个工种。互联网营销师作为对社会具有一定影响力的新生代公众群体，如主播或网红，他们的言行举止及价值观都将影响粉丝和大众。因此，完善行业规范、建立健全行业诚信体系、维护消费者利益显得极为重要；规范新业态的经营行为，如带货直播、短视频销售，主播持证上岗，已成必然趋势。

根据互联网营销师国家职业技能标准的基本要求，职业道德、互联网营销涉及的多学科基础知识及相关行业法律、法规为各工种均需具备的通识能力，也是培养高素质技能人才的基本要求，因此，这几个部分的知识在每本教材中都有介绍，相关内容的表述可能涉及工种与岗位职责的交叉与重叠，但这些并不影响读者对自身岗位技能的深入学习。

为适应互联网营销师职业技能培训的需要，湖南省人力资源和社会保障厅职业技能鉴定中心委托长沙市雨花区蓝海探索融媒体职业技能培训学校组织湖南省内电子商务领域知名专家、学者编写了本系列教材。其中，本书具体编写分工如下：湖南化工职业技术学院向林峰编写项目一，蓝海探索集团刘洁编写项目二，蓝海探索融媒体职业技能培训学校郑志强编写项目三，长沙民政职业技术学院杨洁编写项目四，湖南科技职业学院王杨编写项目五，蓝海探索集团乔钟兴编写项目六，长沙师范学院杨自辉编写项目七、项目八，湖南工商大学张建英编写项目九，郴州技师学院李卫编写项目十、项目十一、项目十二。

本系列教材以互联网营销师《国家职业技能标准》五级/初级工、四级/中级工、三级/高级工、二级/技师、一级/高级技师5类职业技能要求为基础，融入近年来新业态出现的相关新知识、新技术、新技能等内容编写而成，体例按项目—任务式结构进行编排，遵从实操过程的逻辑与先后顺序。

互联网营销是一个快速发展并不断创新的职业，相关行业标准与职业技能标准也在不断完善过程中，受到行业快速迭代与编者学识能力的影响，书中难免存在疏漏与不足，恳请各位专家和读者批评、指正。

目　　录

宣传准备

【项目导读】

在开展互联网营销活动之前，有许多准备工作需要完成。要学会使用网络搜索工具搜集相关产品宣传素材，有条理并清晰地完成相关宣传计划的制订。在活动开展之前，还要学会引流预热，学习投入产出比的测算方法，以便将引流结果量化，进行数据化分析。与此同时，也应与供应商紧密联系，建立良好关系，搭建属于己方的资源库，便于打通全链条的活动。

【项目目标】

1. 能制作产品专属宣传素材
2. 能发布产品图文信息预告
3. 能使用网络搜索工具核实、整理产品素材信息
4. 能建立第三方供应商资源库
5. 能测算预热投入产出比
6. 能协调引流资源并扩大宣传渠道

（五级）任务一　网络搜索工具使用方法

一、搜索引擎简介

搜索引擎主要运用一定的策略与特定的计算机程序，在浩瀚的互联网中搜集各类信息，并对这些信息进行组织和处理，为用户提供更加快速的检索服务。国内常见的搜索引擎包括百度、搜狗搜索、360 搜索、有道搜索、必应搜索、阿里云搜索、爱问搜索。

二、搜索引擎使用技巧

（一）简单搜索

打开相关搜索引擎，在搜索框中输入关键词后单击"搜索"按钮（或有搜索功能的其他

按钮），系统会很快回馈查询结果，这是较简单的查询方法，使用方便，但是查询的结果不一定准确，其中可能包含许多不需要的信息。简单搜索界面如图 1-1 所示。

图 1-1

（二）高级搜索

在高级搜索中，不同搜索引擎提供的查询方法不完全相同，但有一些通用的查询方法，各个搜索引擎基本上都支持。

1. 精准匹配——关键词加双引号

搜索时不加双引号，关键词可能被拆分。例如，当搜索"湖南大学"时很可能把"湖南"和"大学"拆分开分别进行搜索，得到一些不需要的信息，如图 1-2 所示。这时可以把关键词放入双引号内，代表完全匹配搜索，也就是所显示的搜索结果一定包含完整的关键词，不会出现近义词和拆分的情况，如图 1-3 所示。

图 1-2

图 1-3

2. site——搜索指定网站上的关键信息

如果只想在某个特定网站上搜索"帽子"这个信息，可以使用"site:网址 帽子"语法格式，这样搜索出来的信息都是来自指定网站上的内容，如图 1-4 所示。

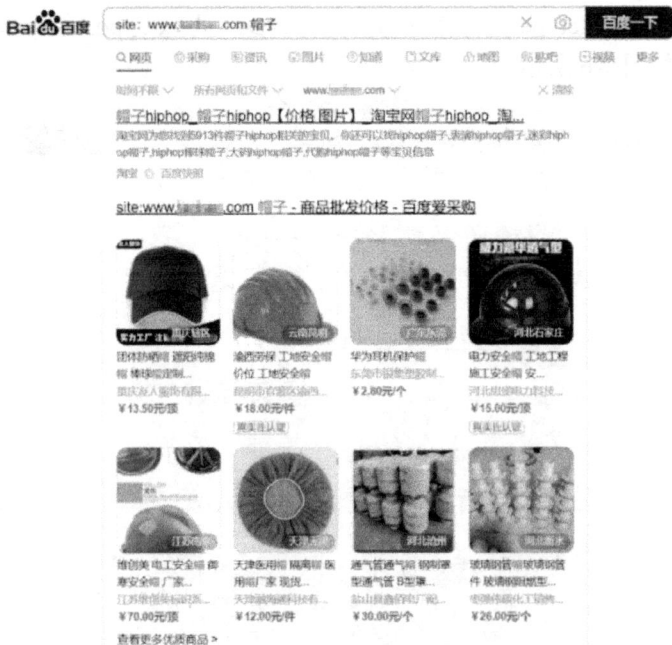

图 1-4

3. intitle——在标题里面限定条件进行精准搜索

如果想让搜索结果的标题中包含输入的关键词，可以用"intitle:关键词"语法格式。此方法常用来搜索行业关键词。例如，希望搜索引擎返回结果的标题里面包含"plc 控制柜"这个关键词，语法格式为"intitle:plc 控制柜"，如图 1-5 所示。

图 1-5

4. filetype——查询指定的文件格式

有时候想查询某个课程的文档，但是搜索出来的信息总不是自己想要的，这时就可以试一下语法格式"关键词 filetype:文件格式","文件格式"可以是 pdf、txt、doc 等，如"互联网 filetype:doc"，如图 1-6 所示。

图 1-6

5. 减号——不包含指定关键词的搜索

可以通过一个减号（-）来实现不包含指定关键词的搜索。它的使用语法是前一个关键词与后一个关键词之间用减号连接，且减号的左边是空格，如"射雕英雄传 -小说"，如图 1-7 所示。

图 1-7

6. 加号——包含指定关键词的搜索

可以通过一个加号（+）来实现包含指定关键词的搜索。它的使用语法是前一个关键词与后一个关键词之间用加号连接，且加号的左边是空格，如"直播 +湖南 +2020"，如图1-8所示。

图 1-8

（五级）任务二　产品图文信息发布技巧

一、产品的分类展示

设置好产品分类可以方便买家迅速找到想要购买的产品。同时，产品分类也能起到很好的推荐作用，如果一个店铺在产品详情信息页面同时展示了产品分类，那么买家很可能对其他类目产生兴趣，从而促成其他购买结果。产品分类展示如图1-9所示。

产品分类可以是文字或图片形式，通常图片比文字具有更直观、更醒目的特殊效果，因此卖家倾向于设置精美的图片分类，使用图文结合的方式让店铺产品分类井井有条，为店铺增色。

产品分类可按以下5种方式进行。

（1）将新款放在最上面，以便上新之后，买家进入店铺后能第一时间看到。

（2）设置特价产品吸引人气，特价产品的销售有时候能带动其他产品销售量的上升。

（3）按产品的品牌分类，如同样的价格，品牌衣服会比非品牌衣服更好销售。

（4）按产品的功能或用途分类，如上衣、下装、配饰等。

（5）在店铺首页的"推荐"模块，可以手动设置一些推荐产品的自定义模块。

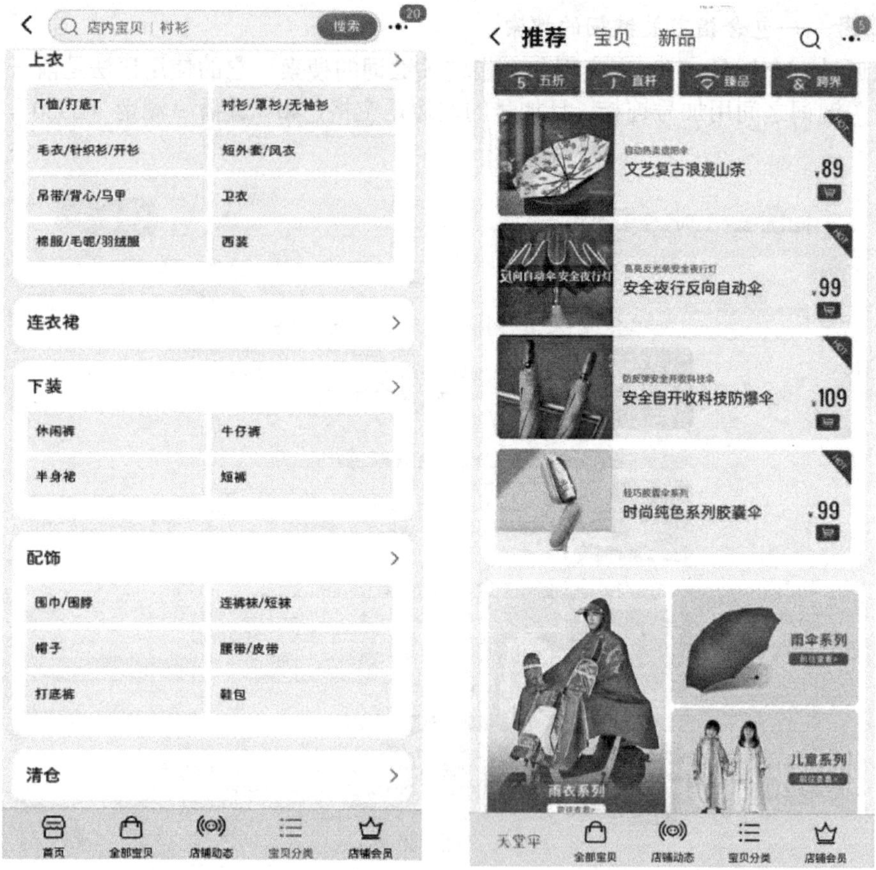

图 1-9

二、产品的详情描述

（一）产品描述的格式

产品描述的正规格式包括 3 个部分：标题、正文和署名。

1. 标题

（1）产品标题中的核心关键词。设定核心关键词时可以对产品或产品对应的主营类目及产品属性（如颜色、款式、材质等）进行扩展，根据产品或主营类目的命名查询关键词的外部搜索需求，外部搜索需求为 0 的关键词不适合作为标题关键词。核心关键词在标题中只能出现 1 次，不能超过 2 次；核心关键词必须出现在标题的前 5 个词中。

（2）产品标题中的描述词。可以使用突出表现产品的描述性关键词，如产品属性或品牌。例如，手机使用品牌、内存信息或型号等描述词；配件使用适用手机或电子产品种类等描述词；服装使用适用性别、款式、材质等描述词；灯具使用适用场景、款式、功能等描述词。

（3）产品标题的通用格式。产品标题的通用格式为"品牌名+产品功能+核心关键词+修饰词+型号+适用范围+颜色"。注意：产品标题一般为 16～23 个词，字符长度在 140 个以内。

（4）产品标题中的其他信息。一般产品不用特别注明进货渠道，如果是厂家直供的或从国外直接购进的，可在产品标题中加以注明，以突出产品的独特性。此外，不能面对面交易导致的信誉度较低，一直是阻碍部分网民选择网上购物的重要因素之一。因此，如果卖家能提供有特色的售后服务（如不满意则 7 天内可无条件退/换货、小家电全国联保等），均可在产品标题中简单、明确地注明。

（5）产品标题的禁止事项。第一，禁止关键词堆砌（包括核心关键词和描述词）。第二，禁止重复其他产品的标题（不要直接复制其他卖家的产品标题，因为平台会降权推广重复产品标题的产品，不利于产品的站内外排名）。第三，禁止出现搜索需求可能较大，但与本产品无关的描述词（如产品是男鞋，不要为了覆盖更多关键词而加上女鞋、童鞋；是红色裙子，就不要加上黑色裙子；手机品牌是小米，就不要加其他品牌名）。无关关键词的出现不会带来流量，只会导致搜索引擎惩罚及用户流失。第四，禁止使用无意义的特殊符号，如"～""！""@""#""$""^""&""*"等。第五，非品牌产品禁止出现品牌名称。

2. 正文

正文是产品描述的主体部分，最好分条来写，让人一目了然。每条最好只表达一个信息，要表达第二个信息时另起一行。如果自己会制作描述模板，也可以使用图片对正文进行分段。第一段写产品的基本性能，第二段写产品的使用方法，注意事项也可以再起一段，每段的描述信息最好也分条来写。

（1）产品描述的原则。

① 用项目符号进行分段。

② 包含有吸引力的信息，使买家停留在页面上。

③ 保持信息的真实性。

④ 要针对所有受众。

⑤ 包含退货信息。

⑥ 字符一般限制在 2 000 个左右。

（2）产品描述的内容。一般来说，产品描述部分应该考虑到"谁""什么""哪里""什么时候""为什么""如何"等问题，具体如下。

① 产品针对的人群。可以将目标受众按照性别、年龄、生活方式或其他方式进行分类。

② 产品的基本信息。基本信息要包含产品的一些属性，如尺寸、材质、特征和功能。

③ 产品的使用场合。产品是室外用还是室内用，是为人设计的还是为动物或其他物品设计的。

④ 产品的使用时间。使用产品是否有时间限制，产品是每天使用或季节性使用，还是每年偶尔使用几次。

⑤ 产品为什么有价值，或者为什么比竞争对手的产品好。可以写质量、价值、特点、优势方面的内容，还可以考虑使用一些图片来说明。

⑥ 产品起作用的方式。这一点不是必须写的；如果店铺出售的是电子类产品或可以移动的产品，这一点就必须写上。

图 1-10 所示为产品描述部分示例。

3. 署名

署名是一篇完整的产品描述应该包括的内容，在写完描述信息后一定要把店名署上。

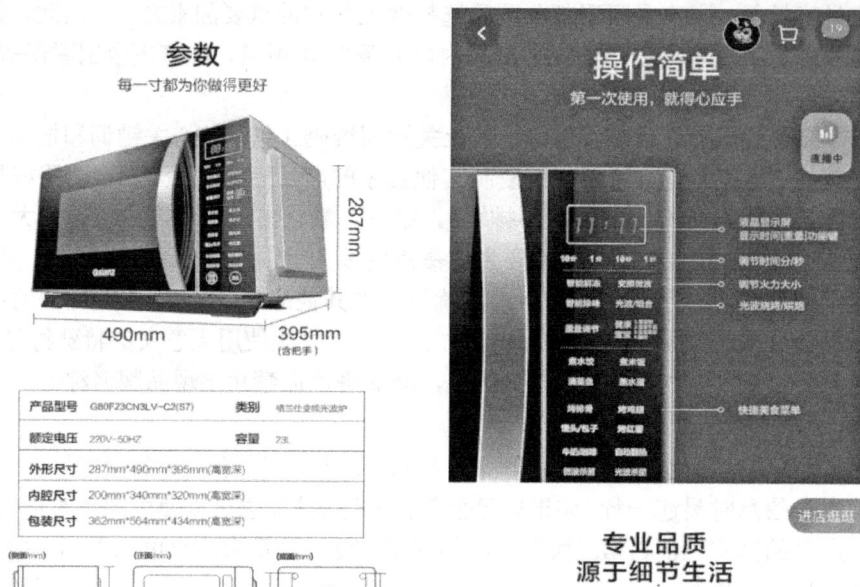

图 1-10

（二）产品描述的方式

1. 利用买家作产品描述

客服人员在接待买家、处理订单信息的过程中会获取大量的买家需求信息，可以进一步对这些信息进行加工和处理，指导编辑人员修改产品描述，使买家关心的问题都能在产品描述中简明、清晰地展示出来。

2. 利用竞争对手作产品描述

要重视同行中做得好的竞争对手，学习竞争对手的产品描述方式，持续关注竞争对手的信息，在产品描述中进行有针对性的设置，帮助买家解决问题。需要注意的是，基于竞争对手的产品描述有两个思路：一是找到竞争对手的空白点；二是在竞争对手的优势上显出自己的优势。

3. 利用采购人员作产品描述

采购人员可能是公司中第一个全面了解产品的人员，他们进行采购之前，至少是获取了以下 3 个方面的信息并进行分析后才决定的，一是市场的信息，二是供应商的信息，三是本公司的信息。采购人员的分析数据可以指导编辑人员进行产品描述。

（三）产品描述的诀窍

1. 向供货商索要详细的产品信息

产品图片不能反映的信息包括材料、产地、售后服务、生产厂家、性能等，一定要将相对于同类产品有优势和特色的信息详细地描述出来，这本身也是产品的卖点。买家在阅读产品描述时，也一定会抓住一些细节，而大体介绍往往是略过的。举一个简单的例子，一家店铺出售红枣，很少会有人在意枣是不是红色的，而是在意它有多大、是什么品种、和普通红枣相比有什么特点（如是否比普通红枣甜）等。图 1-11 所示为"和田大枣"特色信息描述示例。

图 1-11

2. 产品描述直观

产品描述应该使用"文字+图像+表格"3 种形式，如图 1-12 所示，能够全面概括产品的内容和相关属性；最好能够介绍一些使用方法和注意事项，更加贴心地为买家考虑，这样买家浏览时会更加直观，增加其购买的可能性。

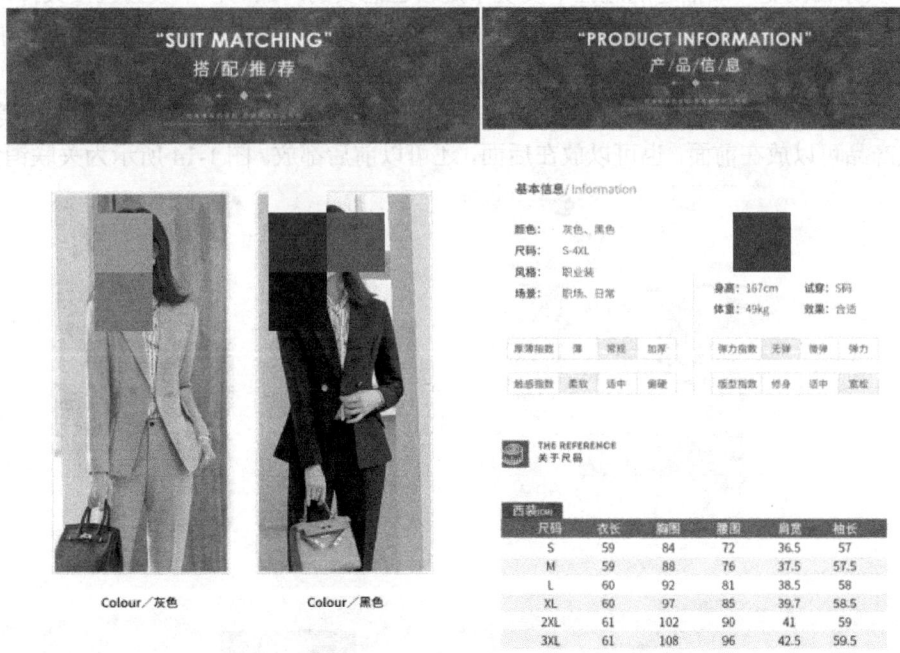

图 1-12

3. 做一个精美的描述模板

只有产品资料和图片的产品描述会显得很单调，而如果把这些资料和图片放在精美的描述模板中，对买家来说不仅利于观看，还可以获得美的享受，相对于文字来说，更形象、动人且更有说服力。描述模板可以自己设计，也可以在淘宝上购买，还可以在社区里获取一些免费的。在产品描述中也可以推荐本店的热销产品、特价产品等，让买家接触店铺的更多产品，增大产品的宣传力度。图 1-13 所示为产品描述模板示例。

图 1-13

4. 重视关联销售

很多买家在浏览产品描述的过程中发现不是自己想要的产品时，一般会直接关掉网页。因此，如何尽可能地让买家进店或浏览店铺里的其他产品是关键。例如，可在每个产品详情中加入其他产品的图片和链接，或者加入店铺的促销信息，这样即使买家对这个产品没兴趣，还有可能浏览其他产品，进入其他产品的描述页面。所以，在产品描述中加入相关产品的推荐也很重要。关联产品可以放在前面，也可以放在后面，还可以前后都放。图 1-14 所示为关联销售示例。

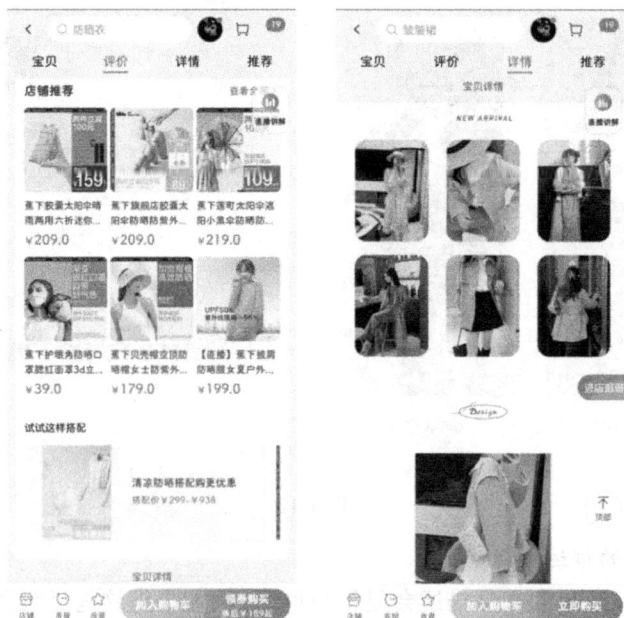

图 1-14

此外，产品描述可以随季节及销售情况进行修改。产品销售前、产品全新上市时、产品热销时、产品销售量进入衰退期时、产品清仓时，不同时期的文案要具有差异，以提高店铺的销售气氛，不断优化产品销售结果，帮助买家找到要在此时购买的理由。

（四级）任务三　产品宣传素材及计划制订

产品宣传素材及计划制订是推广产品、吸引潜在客户、增加产品曝光度的重要步骤。

一、产品宣传素材编写

（1）产品简介：提供产品的基本信息，包括产品名称、品牌、特点、功能、优势等。产品简介应简明扼要，突出产品的独特性。

（2）产品图片和视觉素材：包括产品照片、实物展示图、产品效果图等，确保图像清晰、质量高，能够吸引目标客户。

（3）产品说明书或手册：如果产品较复杂，可以提供详细的产品说明书或手册，介绍产品的使用方法、注意事项等。

（4）买家评价和案例：收集买家对产品的评价和推荐，展示买家的满意度和真实反馈，同时提供一些成功的案例，增加产品的可信度。

（5）宣传文案：编写吸引人的宣传文案，强调产品的独特卖点，引起潜在买家的兴趣，激发其购买欲望。

（6）产品视频：在制作产品介绍视频或演示视频时，可以用动态方式展示产品的特点和功能。

二、产品宣传计划制订

（1）明确宣传目标：确定产品宣传的具体目标，如提高产品知名度、增加销售量、吸引新客户等。

（2）分析目标客户：了解目标客户的特点、需求和购买习惯，以便更有针对性地进行宣传推广。

（3）选择宣传渠道：根据目标客户的特点，选择适合的宣传渠道，如社交媒体、电视广告、杂志广告、展会等。

（4）制定时间表：确定宣传活动的时间，明确宣传活动的时间节点和持续时间。

（5）分配预算：根据宣传目标和计划，合理分配宣传预算，确保宣传活动有效执行。

（6）设计宣传内容：根据宣传目标和目标客户设计宣传内容，确保内容吸引人、有趣味性、容易引起共鸣。

（7）整合资源：确定宣传所需的资源，如图像、视频、文字等，确保准备充分。

（8）安排宣传活动：确定宣传活动的安排和具体执行方式，如发布时间、地点、参与人员等。

（9）跟进宣传效果：在宣传活动进行期间，收集反馈信息，及时调整宣传策略。

（10）评估宣传效果：在宣传活动结束后，对宣传效果进行评估，比较实际效果与预期目标之间的差距，总结经验教训。

以上内容是宣传素材和计划的基本框架，可以根据自己产品的特点和宣传需求进行调整。宣传计划的成功执行和效果评估对于产品的推广和市场影响都至关重要。

三、产品宣传计划拟订

一场完整的直播活动，包括直播前的策划与筹备、直播活动的开展、直播结束后的发酵。因此，当主播与观众告别后，直播工作并未结束。企业新媒体团队需要在直播网站以外的微博、微信、论坛等平台继续宣传，放大直播影响力。

直播结束后，可以对直播进行图片、文字、视频等多维度宣传。无目的的宣传会导致宣传效果不聚焦，因此在开展宣传工作前，需要先按照宣传步骤制订宣传计划，以保证宣传的有效性和目的性。

直播活动的宣传计划包括确定目标、选择形式、组合媒体3 个部分，如图 1-15 所示。

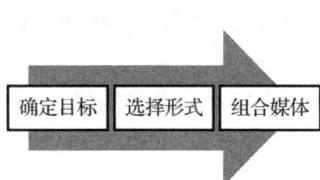

确定目标　选择形式　组合媒体

图 1-15

目标的确定是直播后续宣传的基础，否则即使已经制作出精美的视频或引人发笑的表情包，也可能达不到预期目标。直播宣传的目标通常包括提高产品销售量、产品知名度、产品美誉度、品牌忠诚度等。这几个目标不是独立的，而是与企业整体的市场营销目标相匹配的。

确定目标后，需要选择宣传形式。目前常见的宣传形式包括视频、软文、表情包 3 种。这 3 种形式可以独立推广，也可以组合后以"视频+表情包""软文+表情包"等形式进行网络推广。

确定宣传形式后，需要对媒体进行组合。不同宣传形式对媒体的需求各不相同，如表 1-1所示。

表 1-1　不同宣传形式下的媒体组合

宣传形式	媒体组合	媒体示例
视频	自媒体+视频平台	微博、微信公众号、抖音、快手等
软文	媒体+论坛	虎嗅网、知乎、豆瓣、小红书等
表情包	自媒体+社群	微博、微信公众号、微信群、豆瓣群等

完成以上确定目标、选择形式、组合媒体的思路整理后，企业新媒体团队需要将直播后期宣传工作细化到人、精确到时间，并设计表单，整体推进。

思路整理与细节推进都策划完成后，宣传计划就可以执行了。

四、产品专属宣传素材制作

（一）短视频

在线直播只能在规定时间内参与，未及时参与者无法在直播后了解直播的内容与理念。因此，在直播结束后，企业新媒体团队需要整理直播内容，并推送到其他平台。

目前，用户的浏览需求已经由"无图无真相"过渡到"无视频无真相"，通过视频的形式把直播活动推广出去，是直播发酵与传播的最佳方式之一。

视频推广包括思路确定、视频制作、视频上传、视频推广 4 个步骤。

1. 思路确定

直播活动后的视频传播有全程录播、浓缩摘要、片段截取 3 种思路。企业新媒体团队需要在视频传播前确定视频编辑思路，以便进行相应的实施与推广。

（1）进行时间较短（30 分钟以内）且全程安排紧凑的直播，可以采用全程录播的视频制作思路，将直播的全程录像作为视频主体，利用片头与片尾对直播名称、参与人员等进行简要的文字介绍即可。

（2）进行时间超过 30 分钟且存在大量等候内容（如体育比赛暂停时间、晚会候场等待时间等）的直播，可以采用浓缩摘要的思路，录制旁白作为直播摘要或解读，整体与电视新闻相似。

（3）进行时间超过 60 分钟或存在一些较为精彩的内容（如名人进入直播间、带货明星做客直播间、文化输出价值高的片段等）的直播，可以采用片段截取的思路，直接截取全程直播中的"出圈"片段，整体与短视频类似。

2. 视频制作

手机端的直播视频可以用 VUE、美拍、抖音、快手等软件直接编辑；PC 端的直播视频可以利用格式工厂、爱剪辑、会声会影等软件实现剪辑、格式转换等功能。

可以在软件官网查看具体使用方法，或者借助百度等搜索相应软件的使用方法，然后进行学习与操作。

3. 视频上传

视频制作完成后，可以上传至视频网站，便于用户浏览。目前可供上传的视频网站包括优酷、爱奇艺、抖音、快手、小红书、百度百家、哔哩哔哩等。

在上传视频前，需要阅读网站的上传注意事项，特别是网站对于视频大小、格式、清晰度、二维码等内容的限制，防止因违反网站规定而无法上传或审核不通过。

4. 视频推广

为了使网络直播活动效果持续发酵，需要进行视频推广，以便更多的用户看到视频。用户浏览互联网视频，主要通过视频网站推荐、主动搜索、自媒体平台推送 3 种途径。

（1）视频网站推荐。视频网站首页、内页通常有推荐栏目。为了提高视频浏览量，运营负责人需要与视频网站充分沟通，了解推荐规则，按照推荐规则优化视频并提交视频推荐申请。

（2）主动搜索。用户通常会在搜索引擎网站（如百度、360 搜索等）或视频网站（如哔哩哔哩、抖音、快手等）搜索相关关键词，获取需要的信息（见图 1-16 和图 1-17）。显然，排名靠前的视频会获得更多的点击量。

为了让用户搜索相关关键词时发现企业的直播视频，企业新媒体团队需要对视频中的文字进行优化，将相关关键词植入视频标题、视频描述中。

例如，某电商平台的直播视频上传后，原标题为"××平台直播视频"，可增加"购物推荐""买买买"等用户常搜索的相关关键词，将标题改为"××平台直播视频购物推荐，主播带你买买买"。

图 1-16

图 1-17

（3）自媒体平台推送。企业直播活动需要将直播与自媒体平台相结合，可利用直播宣传微博、微信公众号等，也可在直播活动结束后利用自媒体平台推广直播视频，便于未参加直播的平台用户了解直播内容。

（二）宣传软文

企业新媒体团队通常会在重要活动结束后进行媒体宣传，途径包括电视报道、报纸宣传、网络新闻等。按覆盖人群的不同特点，宣传软文可分为以下 5 类：行业资讯、观点提炼、主播经历、用户体验和运营心得。

1. 行业资讯

行业资讯类软文常见于严肃主题直播活动结束后的推广，主要面向关注行业动态的人群。企业通过行业资讯，将直播活动以“行业新事件”“业内大事”等形式发布于互联网媒体平台，吸引业内人士关注。

2. 观点提炼

撰写观点提炼类软文需要提炼直播核心观点并撰写成文，可以提炼的核心观点包括新科技、创始人新思想、团队新动作等。

3. 主播经历

与一般介绍企业的软文相比，主播经历类软文更通俗易懂，更容易拉近与用户之间的距离。因此，在主播经历类软文中植入企业核心信息，可以得到较好的传播效果。

4. 用户体验

用户体验类软文完全以第三方的语气讲述一场直播。由于和直播主办方、主播都没有直接关系，因此此类软文更主观和更自由。

5. 运营心得

运营心得类软文可以从“如何策划一场直播”“大型直播筹备技巧”等角度进行直播运营的心得分享，可以在知乎、直播交流论坛、策划交流网站等平台发布与推广。

（三）直播表情包

直播活动中，也可以通过截图的形式将有趣的图片保存下来，加上文字制作成直播表情包。直播表情包的制作有发现表情、截取表情、添加文字、使用表情 4 个步骤。

1. 发现表情

在直播过程中可以记录一些表情出现的位置，便于直播结束后统一制作表情包。通常可用于制作表情包的直播表情有以下 3 类。

（1）经典同步型。直播中与在互联网上广为流传的经典表情同步的表情，如微信表情、微博表情等，可以在征得本人同意后制作成表情包素材。

（2）夸张表情型。直播参与者无意中出现皱眉、噘嘴、闭眼等相对较夸张的面部表情时，可以在征得本人同意后制作成表情包素材。

（3）动作表情型。直播中的人物动作也可以作为人物情绪的体现，尤其是与台词、口语或流行语相关的动作，可以在征得本人同意后制作成表情包素材。

2. 截取表情

静态表情和动态表情的截取方法不同。

（1）静态表情。截取静态表情时，可以直接将视频暂停，使用截图工具（如 QQ 截图、微信截图、浏览器截图等）截取相应的表情。

（2）动态表情。截取动态表情时，可以使用 QQ 影音截取。通过 QQ 影音打开视频，单击页面右下角的“扳手”图标，在弹出的影音工具箱中选择“动画”功能，在弹出的 GIF 制作页面中，通过滑动灰色线条上的调节杆选择动态图的起点与终点，然后进行保存。

3. 添加文字

静态表情图可使用 Photoshop 新增图层并添加文字。动态表情图在 Photoshop 里以图层的形式出现，一帧即一个图层。单击页面右下角的"创建新图层"按钮，直接新建图层。选中新建的图层，添加文字。团队名称、品牌名称等可通过水印的形式添加在图片一角。

4. 使用表情

表情推广平台包括自媒体、官方群组、表情开放平台。

（1）自媒体。在官方微博、微信公众号等平台为内容配图时可以应用自家表情包进行推广。

（2）官方群组。在粉丝群等官方群组内，可以由管理员带动，在聊天时应用表情包。

（3）表情开放平台。原创表情包可以提交到微信、QQ 等表情开放平台，引导其他用户查看或使用。

（三级）任务四　第三方资源库的建立方法

建立第三方资源库是为了收集、整理和存储各种资源，为用户提供便捷的查找和使用途径。以下是建立第三方资源库的方法。

（1）明确资源库的目标和范围。资源可以包括文档、资料、软件、工具、图片、视频等，也可以涵盖特定主题或领域的资源。

（2）收集资源。可以通过互联网搜索、合作伙伴提供、用户提交等方式获取资源。

（3）分类和整理资源。收集到资源后，要对其进行分类和整理，建立合理的分类体系。可以根据资源的类型、主题、用途等进行分类，以便用户快速找到所需资源。

（4）确定资源描述和标签。为每个资源添加详细的描述和标签，包括资源的名称、作者、来源、格式、大小、更新日期等信息，增加资源的可搜索性和查找准确性。

（5）建立数据库或平台。可选择合适的数据库管理系统或建立专门的资源库平台，用于存储和管理资源信息，并确保资源库的数据结构和查询功能能够满足用户的需求。

（6）设置访问权限。可根据需要，设置资源库的访问权限，可以是公开资源库，也可以是需要注册或付费访问的私密资源库。

（7）设计用户界面。设计用户友好界面，使用户可以方便地浏览、搜索和下载资源；提供多种查找和筛选方式，提高资源利用率。

（8）定期更新和维护。要定期对资源库进行更新和维护，添加新资源，更新旧资源，确保资源的时效性和可靠性。

（9）推广和宣传。可以通过社交媒体、网站链接、合作推广等方式积极推广和宣传资源库，吸引更多用户访问和使用。

（10）收集用户反馈。应定期收集用户对资源库的反馈和意见，了解用户需求和改进建议，不断完善资源库的功能和服务。

可通过以上方法建立一个高效、丰富且易于使用的第三方资源库，为用户提供更便捷的资源访问渠道，提高资源利用率。

🔍 （三级）任务五 投入产出比的测算方法

一、投入产出比的定义

投入产出比（ROI）是用于衡量投资项目的经济效益和回报率的指标。它表示投资项目所带来的回报与成本之间的关系。计算公式如下：

ROI=投资回报÷投资成本

如果 ROI 为正数且数值较大，表示投资项目获得了较大的回报，具有较强的盈利能力；如果 ROI 为负数，表示投资项目亏损。

二、不同宣传形式的投入和产出

不同的宣传形式会涉及不同的投入和产出。

（1）广告宣传。广告宣传是指通过付费的方式在媒体上发布广告，包括电视广告、广播广告、报纸广告、杂志广告、互联网广告等。投入主要包括广告位费用、制作费用等。产出通常根据广告效果来衡量，如产品销售额的增加、品牌知名度的提升等。

（2）社交媒体宣传。社交媒体宣传是指利用各种社交媒体平台，通过发布内容、进行互动等方式来推广产品或品牌。投入主要包括社交媒体管理和运营成本。产出可以通过粉丝数量的增加、社交媒体互动量的增加、转化率的提高等来衡量。

（3）公关活动。公关活动是指通过与媒体、公众、利益相关者等建立良好关系，提高企业或产品的声誉和形象。投入主要包括公关活动策划和执行的成本。产出通常体现为媒体报道数量增加、品牌认知度提升、公众对企业的好感度增强等。

三、评估线上宣传活动的数据指标

直播作为近几年新兴的带货渠道，被许多店铺所应用，特别是在"618""双 11"等促销节点，直播已成常态。直播后，应从店铺的角度，通过分析直播数据，不断优化直播内容，提高曝光度，从而提高店铺销售额，起到拉新、召回老客的作用。

基础数据指标包括：GMV（在一定时间内，直播电商的商品交易总额）、退款金额、参与人数、直播新客人数、直播老客人数、直播召回老客人数、笔单价（单笔订单均价）、客单价、毛利率、退款率。

（一）效果如何

在进行分析之前，要确定该场直播活动的效果如何，若直播活动是亏钱的，就要考虑减少此类活动。

1. 从店铺的角度看 ROI，计算直播活动对店铺投入和产出的影响

（1）投入：①坑位费及其他成本；②稀释老客价值。

投入是此场直播活动所付出的成本——坑位费及其他成本，包括坑位费、运费、包装费、

广告费、佣金、人工成本等。至于直播稀释老客价值，举个例子，本来某客户用完纸巾准备再买，但考虑到有直播活动，便会等到有更优惠的直播活动时才买，这使得老客的笔单价降低了，所以说稀释了老客的价值。量化这部分稀释老客价值时，可以计算剔除直播订单的老客的笔单价与含直播订单的老客的笔单价的差值，以及直播老客人数与直播召回老客人数的差值，这两个差值相乘就是稀释老客价值。计算公式如下：

稀释老客价值=（剔除直播订单的老客的笔单价-含直播订单的老客的笔单价）×（直播老客人数-直播召回老客人数）

比如，某客户剔除直播订单的笔单价是 18 元，含直播订单的笔单价是 13 元，该客户直播订单稀释的老客价值是 18-13=5（元）。

（2）产出：①直播净利润；②拉新价值；③召回沉默老客价值。

产出不仅包括当场直播的净利润（GMV-退款金额），还包括拉新价值和召回沉默老客价值。可用以下公式量化这部分新客、老客的价值：

拉新价值=直播新客后续的复购金额×直播新客人数

召回沉默老客价值=直播召回老客之前购买的客单价×直播召回老客人数

比如，假设召回的老客是 365 天未购买产品者，在直播时间段里，召回老客 100 人，这批召回的老客之前购买的客单价是 20 元，则召回沉默老客价值=20×100=2 000（元）。

2. 举例说明

主播：小明同学

活动时间：2021 年 6 月 1 日 20:00:00—22:00:00

GMV：1 000 000 元

退款金额：500 000 元

参与人数：50 000 人

直播新客人数：10 000 人

直播老客人数：40 000 人

直播召回老客人数：5 000 人

直播召回老客之前购买的客单价：15 元

直播新客后续的复购金额：15 元

坑位费及其他成本：200 000 元

剔除直播订单的老客的笔单价：30 元

含直播订单的老客的笔单价：22 元

则本次直播活动对店铺投入和产出的影响如下。

投入：坑位费及其他成本为 200 000 元；稀释老客价值=（30-22）×（40 000-5 000）=280 000（元）。

产出：减去退款后的利润=1 000 000-500 000=500 000（元）；拉新价值=15×10 000=150 000（元）；召回沉默老客价值=15×5 000=75 000（元）。

ROI=（500 000+150 000+75 000）÷（200 000+280 000）≈1.51。ROI>1，说明该场直播的收益为正数，投入 1 倍的成本能获得 1.51 倍的回报。

评估直播活动效果模型（单位：元）如图 1-18 所示。

评估直播活动效果模型

基础指标	数值
GMV	1,000,000
退款金额	500,000
参与人数	50,000
直播新客人数	10,000
直播老客人数	40,000
直播召回老客人数	5,000
直播召回老客之前购买的客单价	15
直播新客后续的复购金额	15
删除直播订单的老客的笔单价	30
含直播订单的老客的笔单价	22

活动时间：2021-06-01 20:00:00 — 22:00:00

对象	数据指标	数值	计算公式
活动	GMV	1,000,000	
	退款金额	500,000	
	减去退款后的利润	500,000	
店铺	拉新价值	150,000	10,000×15=150,000
	召回沉默老客价值	75,000	5,000×15=75,000
	回报汇总	725,000	
活动	直播坑位		
	主播佣金		
	平台佣金		
	广告费	200,000	
	包装费		
	商品运费		
	其他（人工/外包等）		
店铺	稀释老客价值	280,000	(30-22)×(40,000-5,000)=280,000
	成本汇总	480,000	
	ROI	1.51	回报汇总÷成本汇总
	利润	245,000	回报汇总-成本汇总

图 1-18

（二）是否合理

ROI 的合理值因行业、项目类型、市场环境等因素而异。一般来说，ROI 高于 1 被认为获得了较好的投资回报。但 ROI 过高也可能表示数据不准确或未充分考虑风险。ROI 较低可能需要进一步优化宣传策略或调整投资方向。

因此，合理的 ROI 评估需要综合考虑多方面因素，包括投资项目的性质、市场竞争情况、投资周期、风险等。同时，进行 ROI 评估时需要确保数据的准确性和可靠性，以便做出科学和明智的决策。

习题

一、选择题

1. 计算 ROI 时，以下（　　）属于产出。

A. 坑位费　　　　　　　　　　　　B. 稀释老客价值

C. 召回沉默老客价值　　　　　　　D. 平台佣金

2. 如果你想在某个特定的电商网站搜索关于"运动鞋"的信息，应该使用的搜索语法是（　　）。

A. 运动鞋 filetype:doc　　　　　　B. site:网址 运动鞋

C. intitle:运动鞋　　　　　　　　　D. 运动鞋 -品牌

二、简答题

1. 产品描述的正规格式是什么样的？

2. 上游供应商与平台是单纯的供货关系吗？如果不是，请列举出其他关系。

| 项目二 |

设备、软件和材料准备

【项目导读】

除软性知识的储备外，学会硬件的安装与调试和软件的下载与使用也很有必要。内容的小细节也应该引起重视，如出镜者的形象、样品（道具）在直播中的搭配使用技巧等。细节掌握到位可使营销活动达到事半功倍的效果。

【项目目标】

1. 能连接硬件设备
2. 能下载并安装视频平台软件
3. 能制订样品（道具）搭配计划
4. 能制定出镜者形象方案

（五级）任务一　软件下载、安装方法

一、计算机软件下载、安装方法

可以在计算机浏览器上搜索并下载软件安装包，也可以在电脑管家或软件管家中通过软件栏目搜索并下载软件安装包。软件下载完成后即可进行安装。

（一）通过浏览器下载后安装

下面以微信为例，讲述通过浏览器下载软件安装包并进行软件安装的步骤。

（1）常见的浏览器如图 2-1 所示。在浏览器图标上双击即可打开浏览器。

| Edge 浏览器 | 谷歌浏览器 | 360 浏览器 |

图 2-1

（2）进入搜索引擎（如百度）首页，在搜索框中输入软件名称"微信"，搜索结果如图 2-2 所示。

图 2-2

（3）在搜索结果页面找到并进入微信软件的官方下载链接，在打开的界面中单击与计算机系统匹配的版本图标，如图 2-3 所示。

图 2-3

（4）在打开的下载页面单击"下载"按钮，会弹出对话框，提示用户自行选择保存安装包的位置。此处选择本地磁盘（C:），如图 2-4 所示。下载的安装包是一个以.exe 为后缀的文件。

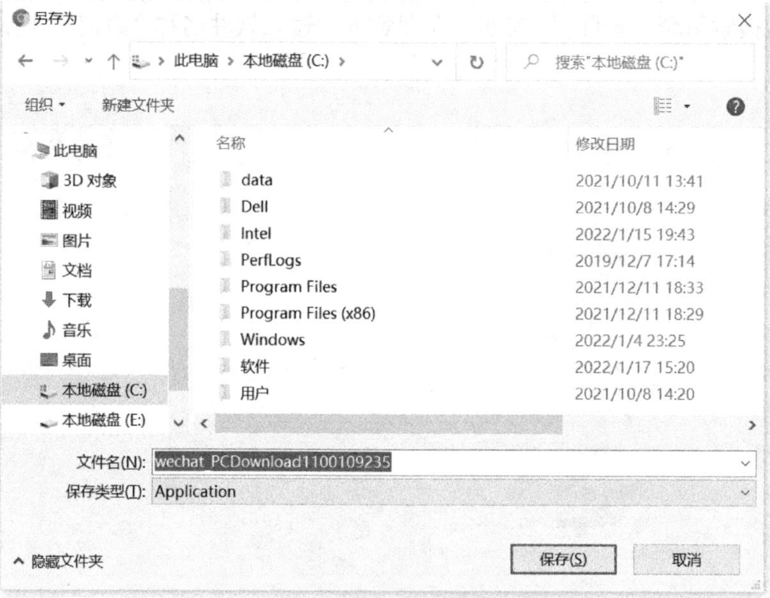

图 2-4

（5）打开安装包保存路径，双击软件图标，按提示进行安装即可。

（二）通过电脑管家或软件管家下载后安装

此处以通过腾讯电脑管家下载和安装抖音为例，讲述下载安装包及进行安装的步骤。

（1）双击"腾讯电脑管家"图标。

（2）在打开的窗口中单击"软件管理"链接，如图 2-5 所示。

图 2-5

（3）进入软件管理界面，找到搜索框，如图 2-6 所示。

图 2-6

（4）在搜索框中输入"抖音"，按"Enter"键，搜索结果如图 2-7 所示。

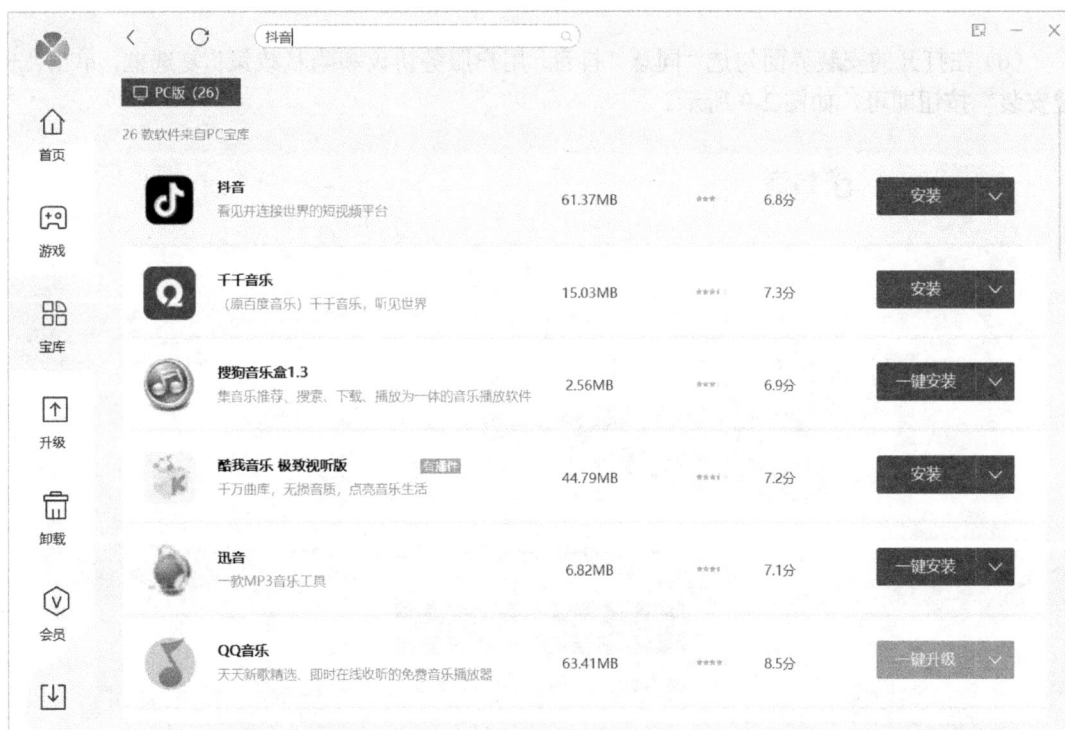

图 2-7

（5）单击抖音软件右侧的"安装"按钮，开始下载并安装抖音，如图 2-8 所示。

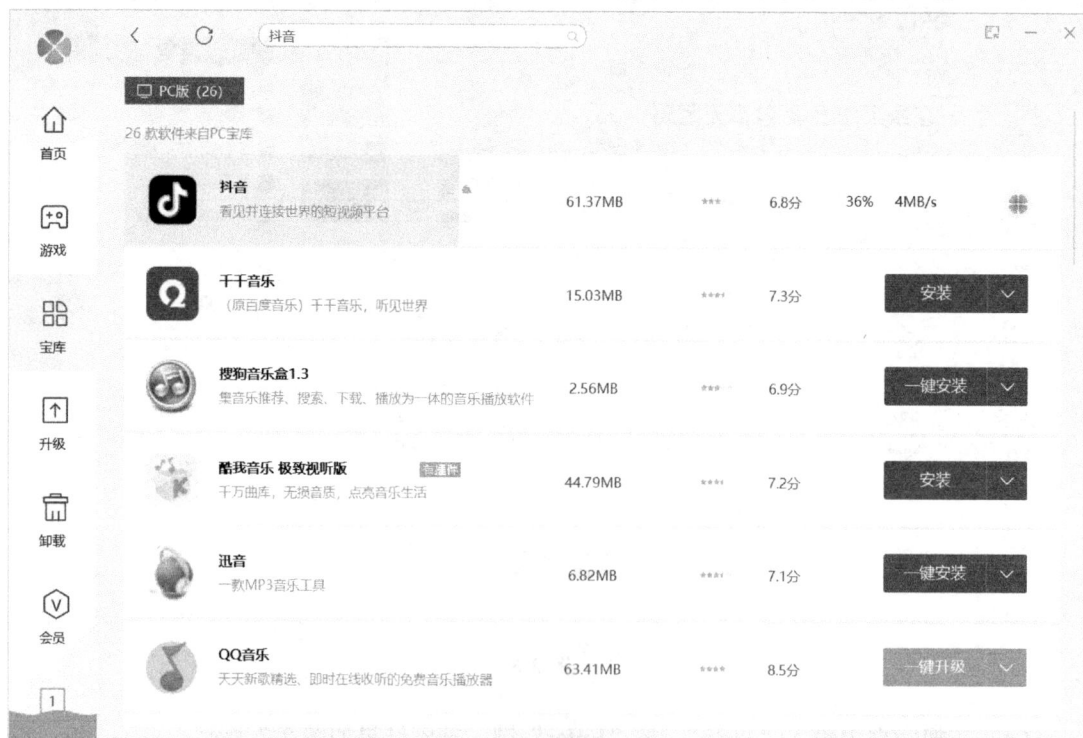

图 2-8

（6）在打开的安装界面勾选"同意'抖音'用户服务协议和隐私政策"复选框，单击"一键安装"按钮即可，如图 2-9 所示。

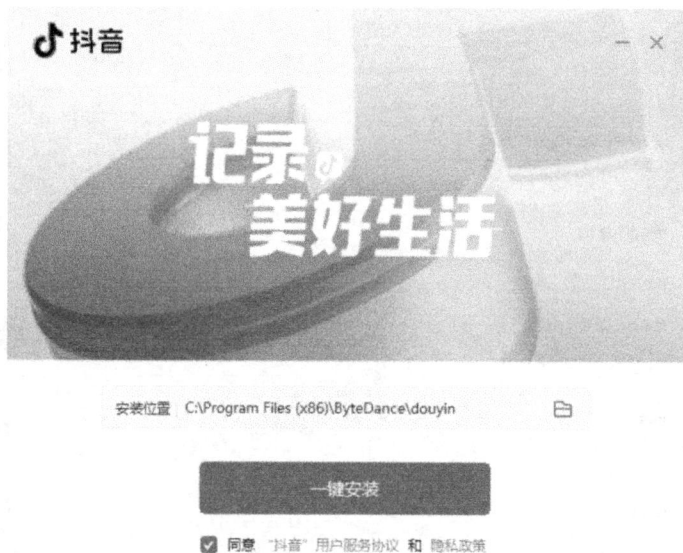

图 2-9

二、手机软件下载、安装方法

（一）找到"App Store"或"应用商店"App

（1）苹果系统：点击"App Store"App 图标，如图 2-10 所示。

图 2-10

（2）安卓或鸿蒙系统：点击"应用市场"App 图标，如图 2-11 所示。

图 2-11

（二）找到搜索框，搜索要下载的软件

（1）苹果系统：在打开界面的右下角点击"搜索"按钮进入搜索界面，通过在搜索框中输入关键词进行搜索，如图 2-12 和图 2-13 所示。

图 2-12   图 2-13

（2）安卓或鸿蒙系统：直接在打开界面上方的搜索框中输入关键词进行搜索，如图 2-14 所示。

图 2-14

（三）在搜索框中输入要下载的软件名称

（1）苹果系统：如输入"抖音"，如图 2-15 所示。

图 2-15

（2）安卓或鸿蒙系统：如输入"抖音"，如图 2-16 所示。

图 2-16

（四）下载、安装软件

（1）苹果系统：点击"获取"按钮或 ☁ 图标即可，如图 2-17 所示。

图 2-17

（2）安卓或鸿蒙系统：点击"安装"按钮即可，如图 2-18 所示。

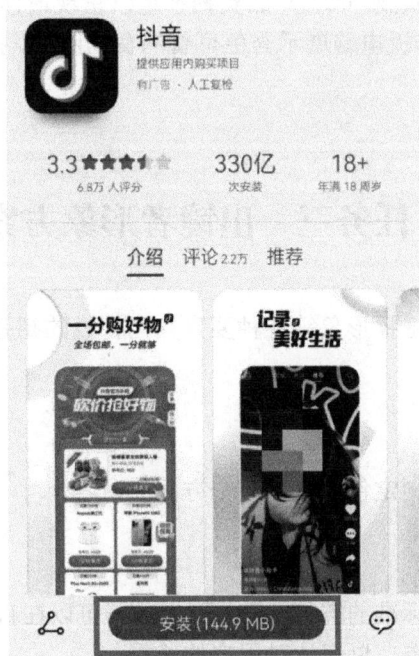

图 2-18

（四级）任务二 样品（道具）的搭配方法

在直播中，适当使用样品（道具），能弥补用户无法触碰到实物导致的信息偏差；也可以让直播间显得不那么呆板无聊，从而提升互动率。下面介绍 4 类直播时常用的样品（道具）。

一、板书

一些高水平的主播喜欢用板书。一是因为板书有交互性，方便与用户互动；二是因为板书能激发主播的灵感,在书写的过程中可能产生新的想法;三是好的板书具有传播性,可拍照传到网上或截屏后发到朋友圈,便于传播。

二、手绘+道具板

可以现场在白板上手绘或事先在道具板上画好,也可以打印在 A4 纸上,直播时直接展示。还有的主播直接真人出镜,现场边画边讲,直播效果很好。

三、实物展示

在直播销售中必须有产品实物作为道具。线上无法让用户直接体验产品,但是在镜头前展示产品,大部分情况下还是可以做到的。有条件的话,还可以让用户直接到现场体验。

四、活用平板电脑

有时候不方便使用产品实物,或者产品实物不足以呈现最佳视觉效果,就可以用道具板、平板电脑和图片。例如,用平板电脑展示秀色可餐的食物照片,把购买好评列在道具板上等,都可达到一定的传播效果。

（四级）任务三　出镜者形象方案的制定方法

出镜者形象塑造是指由主播形象等各种要素共同构成的超强表现力。下面以主播为例进行介绍。

一、主播形象概述

对主播整体形象方案的制定包括以下 4 个方面的内容。

（一）尊重用户审美

虽然不要求主播具有高标准的容貌,但并不意味着可以在直播间蓬头垢面。主播应当对整体形象进行适当修饰和塑造,以表达对用户的尊重。

（1）直播时选择较好的摄像头,能够更好地展现主播的形象,同时让视频画面更加清晰和稳定。

（2）主播通过学习化妆技巧,能够有效提升形象水平,展示最佳的精神面貌。

（3）主播通过学习服装和配饰的搭配技巧,可以展现美好形象和优雅气质。

（二）保持正面情绪

即使直播时只有一名观众,主播也应保持正面情绪。

（三）有素质和涵养

主播在直播过程中切忌使用不文明语言,即使在收到负面评价或受到攻击时,也应该礼貌应对。

（四）保持亲和力

主播应时刻谨记亲和力的重要性，并通过在直播过程中的一举一动展现自己的亲和力。

二、主播妆容

主播妆容是指通过某种装扮和修饰形成的一种在直播过程中的外在形态表现。

（一）主播妆容要点

男性主播妆容应着重表现皮肤的质感，重点强调挺立的鼻梁、浓密的眉毛和丰厚的嘴唇，体现本人的特有气质。

女性主播以裸妆和生活妆为主，整体妆面干净，不宜过于浓艳。

主播的服饰搭配需要在款式、颜色上相互协调，整体上达到得体、大方的展现效果。主播直播时可能是上半身出镜，也可能是全身出镜，所以在穿搭时要特别注意。

（二）主播选择服装时应考虑的因素

（1）款式。无论直播环境和天气如何，主播在直播时都应穿着轻薄型的衣服，如图 2-19 所示，不宜穿着臃肿的服装。

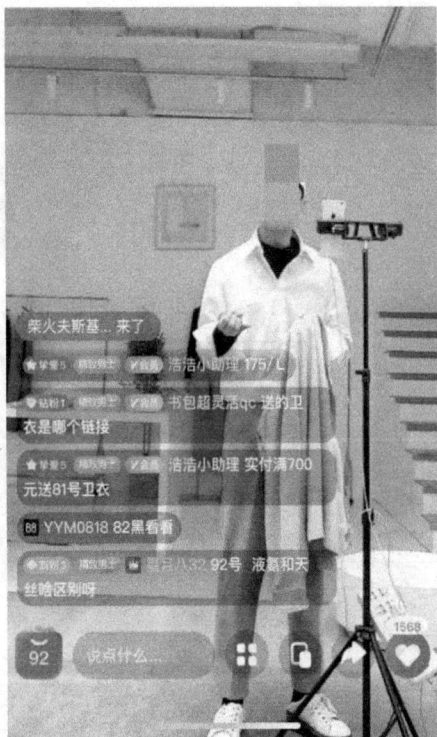

图 2-19

（2）颜色。主播的服装最好以同类色搭配为主，通常是深浅、明暗不同的两种同类颜色搭配。全身服装的颜色不应超过 3 种。

（3）面料。主播可以选择物美价廉的服装面料，但应保证基本的质感。

（4）尺度。主播应严格按照相关管理规定的要求，在直播过程中选择款式合适的服装，把握好尺度。

（三）主播服饰搭配技巧

1. 日常服饰搭配技巧

主播可以根据自身实际情况选择日常服饰进行搭配，但要注意不同服装的款式、颜色等是否适合直播；配饰要简洁得体，与妆容和服装保持协调。

主播在直播过程中大多采用坐姿，观众的注意力大多集中在其上半身，而上衣领靠近脸部，因此主播应注意根据自己的脸型和脖子长度选择合适的领型，以起到美化和修正脸型的作用。

如果主播在直播过程中采用站姿全身出镜的方式，则应选择适合自己体型的服装款式。

2. 主题服饰搭配技巧

服饰搭配可以根据不同的主题而有所区别。

如果直播销售农产品，可以选择款式简单、颜色清丽的服装，给人清新自然、健康阳光的感觉，如图 2-20 所示。

如果直播销售美妆产品，可以选择款式时尚、颜色艳丽的服装，给人热情开朗、积极向上的感觉，如图 2-21 所示。

图 2-20

图 2-21

3．节日服饰搭配技巧

主播通过穿搭有节日特点的服装，可以营造直播间的节日氛围，吸引观众的注意。例如，在春节期间直播时可以选择红色服装，佩戴具有春节特色的饰物。

三、主播声调和语速

主播的语音特质是一种特殊的力量。质量上乘的语音特质能够传达更多言外之意，使观众更加欣赏和亲近。

语音特质包括声调、语调、音量、语速、语气等多种因素。通过细分领域的专注练习，主播不仅能丰富直播语言的内容，还可以增强语言的感染力。因此，在直播过程中，主播要对声调和语速进行把握。

习题

一、选择题

1．以下（　　）不属于辅助视频拍摄画面稳定的设备。

A．三脚架　　　　　　B．轨道车　　　　　C．手持稳定器　　　　D．显示卡

2．以下（　　）不属于主播的外在标准。

A．浓妆艳抹　　　　　　　　　　　B．利落的穿着

C．恰当的声调和语速　　　　　　　D．亲和的态度

二、简答题

1．常见的拍摄辅助设备有哪些？

2．常见的搭配拍摄样品（道具）有哪些？

风险评估

【项目导读】

在进行互联网营销活动时可能遇到一些突发情况，常见的是断网、断电等。作为非技术人员，应学会辨别故障发生的常见原因，能在短时间内进行处理，使营销活动恢复正常。此外，互联网营销活动兴起时间较短，发展十分迅速，涉及的体量庞大，所以应熟悉法律、法规，及时判断营销过程中可能存在的法律、法规风险，在合法范围内运作。

【项目目标】

1. 能提出断网、断电等简单故障的解决方法
2. 能判断营销过程中的法律、法规风险

（五级）任务一 断网、断电等故障的解决方法

一、计算机断网原因分析及解决办法

在使用计算机时经常会遇到断网等故障。计算机网络故障原因大致可以分为以下 4 种：网络设备和运营商问题、硬件问题、计算机网络设置问题、网卡驱动问题。

（一）网络设备和运营商问题

在计算机没有网络之后，应首先查看光猫、路由器等网络设备是否处于通电状态且正常运行。

正常工作的光猫指示灯状态如图 3-1 所示。

路由器指示灯通常可以分为 4 类，分别是电源指示灯、系统指示灯、LAN 指示灯、WAN 指示灯。在路由器设置没有问题的情况下，可以通过路由器工作时指示灯的含义判断路由器的故障原因，如图 3-2 所示。

图 3-1

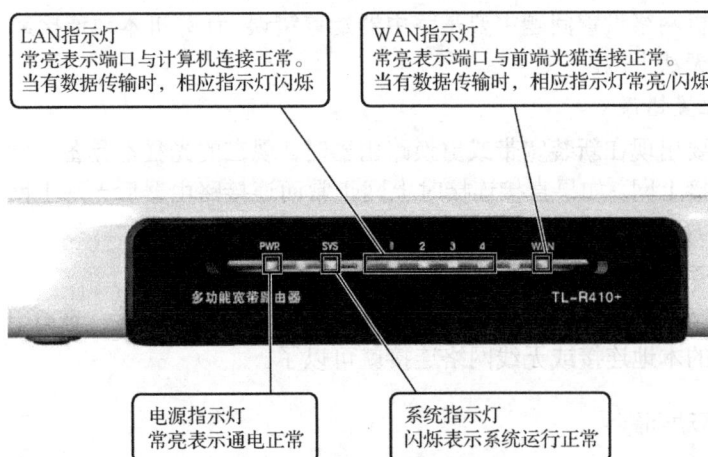

图 3-2

也就是说，可以通过表 3-1 所示的方法进行光猫和路由器主要故障排除。

表 3-1　光猫和路由器主要故障排除

设备	指示灯	含义	正常状态	故障状态
光猫	PON 数据灯	光猫是否已经成功与光纤数据网络建立连接	常亮	闪烁/熄灭
	LOS 指示灯		熄灭	闪烁/常亮
路由器	电源指示灯	路由器是否通电	常亮	熄灭
	系统指示灯	路由器系统是否运行正常	闪烁	熄灭/常亮
	LAN 指示灯	接口是否与计算机连接正常	常亮	熄灭
	WAN 指示灯	路由器是否与前端光猫连接正常	常亮/闪烁	熄灭

如果光猫和路由器都没问题，那么有可能是运营光缆线路问题，或宽带欠费，需要联系当地运营商进行确认。

（二）硬件问题

硬件问题主要是指一些网络设备出现故障。常见的网络设备有光猫、路由器、交换机、网卡、网线等。

例如，现实生活中，经常因网线问题而不能上网。可从以下两个方面进行检查。

（1）手机可正常上网，但计算机网络连接显示红色叉号时，需要第一时间检查计算机和路由器之间的网线是否松动，是否被压断，并尝试重新插拔或更换网线来解决。

（2）如果有线网络和 Wi-Fi 都无法连接，可以检查光猫和路由器之间的网线是否松动，并尝试重新插拔网线来解决。

如果不是网线问题，则需要按情况对各个网络设备进行检查或更换。

（三）计算机网络设置问题

常见的计算机网络设置问题主要是路由器配置错误、计算机本地连接或无线网络连接被禁用导致计算机无法上网。

1. 路由器配置错误

这个问题主要出现在新装宽带或更换路由器时。现在的光猫都具备上网功能，计算机连接光猫就可以直接上网。如果直接连接时上网正常而连接路由器后无法上网，说明路由器配置出现了问题，需要检查路由器配置。

2. 计算机本地连接或无线网络连接被禁用

打开"网络和共享中心"窗口，单击"更改适配器设置"链接，在打开的"网络连接"窗口启用被禁用的本地连接或无线网络连接就可以了。

（四）网卡驱动问题

在排除完上述 3 种问题后，如果计算机还是上不了网，那么很有可能是网卡驱动的问题。

按"Win+R"组合键，在打开的"运行"对话框中输入"devmgmt.msc"，单击"确定"按钮或按"Enter"键，打开"设备管理器"窗口。查看网络适配器处是否有黄色感叹号。如果有，那么需要安装或更新网卡驱动。可以在已连接网络的计算机上下载驱动精灵万能网卡版，用 U 盘将其复制到有问题的计算机上，安装后对计算机进行检测。

二、计算机断电等原因分析及解决办法

计算机断电有可能导致计算机自动重启或关机等，给用户带来麻烦。当然，计算机故障类型很多，下面仅列举部分问题。

（一）软件问题

1. 病毒破坏

计算机感染病毒可能导致断电，比较典型的案例就是曾经对全球计算机造成严重破坏的"冲击波"病毒，发作时还会提示系统将在 60 秒后自动启动。判断是否属于病毒破坏，可以使用新版的杀毒软件进行查杀。如果计算机感染的是不容易清除的病毒，最好重新安装操作系统。

2. 系统文件损坏

当系统文件损坏时，系统在启动时将无法完成初始化。对于这种故障，因为无法进入正常的桌面，只能覆盖安装或重新安装操作系统。

3. 定时软件或计划任务软件起作用

如果在"计划任务栏"里设置了重新启动或加载某些工作程序，当定时时刻到来时，计算机会再次启动。对于这种情况，可以打开"启动"项，检查有没有自己不熟悉的执行文件或其他定时工作程序，将其屏蔽后再开机检查。

（二）硬件问题

1. 市电电压不稳

一般家用计算机的开关电源工作电压范围为 170～240V，当市电电压低于 170V 时，计算机就会自动重启或关机。对于经常性供电不稳定地区，可以购置不间断电源（UPS）或 130～260V 的宽幅开关电源来保证计算机的稳定工作。

2. 主机开关电源的插头松动

这种情况一般出现在自行组装的计算机上，主机电源所配的电源线没有经过 3C 认证，与电源插座不配套，当晃动桌子或触摸主机时就会出现计算机自动重启或关机的情况。解决方法是更换优质的 3C 认证电源线。

3. CPU 问题

CPU 内部部分功能电路损坏，二级缓存损坏时，计算机也能启动，甚至还会进入正常的桌面进行正常操作，但当执行某些特殊功能时就会自动重启或死机，如画表、播放音乐、玩游戏等。可以直接选用优质的 CPU 进行替换排除。

4. 接入外部设备时自动重启

这种情况一般是因为外部设备有故障，如打印机的并口损坏、某个脚对地短路、USB设备损坏对地短路、网卡做工不标准等。当使用这些设备时，就会因为突然的电源短路而引起计算机自动重启。及时更换完好的外部设备即可解决。

（五级）任务二　营销过程中法律、法规的风险判断方法

一、电商企业建设与运营过程中的法律风险点

为了使电子商务网络服务合规有序运营，首先需要了解电商企业的整个服务操作流程，以发现其中的问题，对可能出现的法律风险进行把控。

电子商务建设与运营的一般流程如下：电商企业工商税务登记→网站设计→域名申请与维护→行政备案/审批→网络营销→网站内容管理→电子合同签署→线上支付→物流配送→客户关系处理（售后及纠纷解决）。

电子商务实务中所涉法律、法规风险主要与以下事项或内容有关。

（一）网站设计

电商企业设立并开展业务，首先要有进行操作的网络交易平台。电商企业在平台开发、网站设计过程中，需要及时对委托开发事项及权利归属进行约定。根据《中华人民共和国著作权法》规定的"受委托创作的作品，著作权的归属由委托人和受托人通过合同约定。合同未作明确约定或者没有订立合同的，著作权属于受托人"，以及《计算机软件保护条例》规定的"接受他人委托开发的软件，其著作权的归属由委托人与受托人签订书面合同约定；无书面合同或者合同未作明确约定的，其著作权由受托人享有"，如受委托制作的系统没有明确约定权利归属，则著作权属于受托人即网站程序开发者。

（二）域名申请与维护

电商企业通过互联网开展业务，运营自己开发的网站，必须拥有合法的网站域名、空间，加强对域名使用权的保护，以预防域名抢注和变异的发生。对此，最高人民法院出台了《关于审理涉及计算机网络域名民事纠纷案件适用法律若干问题的解释》，为解决此类域名纠纷提供了基本法律依据。

（三）行政备案/审批

电商企业开展网上业务，必须依法根据《互联网信息服务管理办法》等相关规定进行备案或审批。从事新闻、出版、教育、影视、宗教等 App 互联网信息服务的主办者，在履行备案手续时，还应向其住所所在地省级通信管理局提交相关主管部门审核同意的文件。电商企业需根据实际情况进一步了解管理部门并确认经营类型，及时办理相关证件或进行备案，以免未获得许可或超出许可范围而受到有关部门的处罚，给开展网上业务造成不良影响。

（四）网络营销

电商企业开展网络营销活动会伴随很多风险和不安全因素。除了互联网操作系统、软件等存在的安全技术风险，交易双方的信用风险应该说是网络营销中的一大障碍。网络营销是基于交易双方相互信任，在虚拟空间中进行的，但在网络用户匿名性的特点下，可能存在用户虚假下单、用户使用信用卡恶意透支，或者以其他方式骗取企业产品、拖欠货款等风险，而电商企业将不得不承担这种风险。

（五）网站内容管理

电商企业作为服务提供者，应提供规范化的网上交易服务，建立较完善的管理制度和交易秩序。例如，对系统安全及平台信息进行监督和维护；广告和信息的披露合规合法；不损害用户利益，保障用户权益；采取必要措施保护电商企业的商业秘密或用户数据资料信息；制定相关制度保障电商企业、第三方的知识产权等。

网站内容是电子商务交易的基础，电商企业在运营过程中可能出现关于以上内容的法律风险，应在建设网站之初就建立完善的规章制度，并在网站实际运行过程中不断加以完善，以降低风险。

（六）电子商务合同签署

电子商务合同的内容可能与其他类型的合同无本质区别，但是沟通媒介不同导致其具有自身的一些特点。根据《中华人民共和国民法典》第四百六十九条的规定，"当事人订立合同，可以采用书面形式、口头形式或者其他形式。书面形式是合同书、信件、电报、电传、传真等可以有形地表现所载内容的形式。以电子数据交换、电子邮件等方式能够有形地表现所载内容，并可以随时调取查用的数据电文，视为书面形式。"

此外，电商企业应注意网络支付安全、交易电子证据保存等问题，商家与平台的纠纷、消费者与平台的纠纷、消费者与商家的纠纷、知识产权纠纷是电商企业常见的纠纷类型，需要及时关注并加以解决。

二、"直播带货"行为存在的主要法律风险及防范建议

（一）"直播带货"行为的法律风险

"直播带货"并不是一个单一的法律行为，其可能涉及买卖合同的民事法律关系、价格监管的行政法律关系、发布虚假广告（情节严重）的刑事法律关系等多重法律关系，其主要法律风险可从民事、行政和刑事3个方面进行梳理和分析。

1. 民事法律风险

（1）侵犯消费者合法权益的民事责任风险。依据《中华人民共和国消费者权益保护法》等法律的规定，商家如果欺骗、误导消费者，提供的产品或服务与直播网络购物合同约定不一致，侵害了消费者的合法权益，则应当承担修理、更换、退货、退款、赔偿损失等违约责任。若主播在直播过程中对产品或服务做出承诺，其也应在承诺的范围内与商家一起承担连带责任。

（2）不正当竞争的民事责任风险。"直播带货"中出现的虚假宣传、欺骗和误导消费者等不正当竞争现象已经引起了社会的广泛关注。依据《中华人民共和国反不正当竞争法》（以下简称《反不正当竞争法》），商家作为商品经营者，不得对其商品的性能、功能、质量等作虚假或引人误解的宣传，不得欺骗、误导消费者。如果商家违反规定，给消费者造成损害，应当依法承担赔偿损失等民事责任。

（3）侵犯知识产权的民事责任风险。商家、主播等有时为了商品或服务的销售量能快速增长，会在"直播带货"过程中销售仿冒其他知名品牌商标的商品，这种"搭便车"的行为不但误导了消费者、侵害了消费者的知情权，而且严重侵害了他人的商标权。针对"直播带货"中侵犯知识产权的问题，相关主体应依据《中华人民共和国商标法》（以下简称《商标法》）、《中华人民共和国专利法》等法律规定承担赔偿责任。

> **小贴士**
>
> 在"直播带货"或"短视频带货"过程中常见的违法情形主要包括商标侵权及侵害消费者权益，有兴趣的读者可以上网查询上述情形适用的法律条款。

2. 行政法律风险

（1）电子商务违法行为的行政责任风险。《中华人民共和国电子商务法》（以下简称《电子商务法》）针对电子商务平台经营者等相关主体的法律义务和责任做出了规定。例如，直

播平台作为电子商务平台经营者，不但应当审查商家的相关经营资质，而且应当定期核验更新等。如果直播平台未履行审核义务，就属于电子商务违法行为，将面临市场监督管理部门的行政处罚。

（2）广告违法行为的行政责任风险。广告以虚假或者引人误解的内容欺骗、误导消费者，构成虚假广告。依据《中华人民共和国广告法》（以下简称《广告法》）的规定，发布虚假广告除应对消费者承担民事责任外，商家、主播等营销主体还应承担缴纳罚款、停业整顿等行政责任。

（3）价格违法行为的行政责任风险。商家、主播等在"直播带货"活动中哄抬物价、采用虚假的或者使人误解的价格手段诱骗消费者进行交易的（如先抬高售价再故意实施"限时折扣"等销售方式），针对价格违法问题，商家、主播应依据《中华人民共和国价格法》（以下简称《价格法》）等法律规定承担限期改正、罚款、停业整顿等行政责任。

3. 刑事法律风险

当前形势下，国家严打"直播带货"行业乱象。《关于加强网络直播营销活动监管的指导意见》提出，要加大案件查办工作力度，发现违法行为涉嫌犯罪的，应及时将案件移送司法机关。因此，相关主体应当重视"直播带货"活动中可能涉及的刑事法律风险。"直播带货"常见的刑事罪名如下。

（1）虚假广告罪。广告主、广告经营者、广告发布者违反国家规定，利用广告对商品或服务作虚假宣传，情节严重的，构成虚假广告罪。虽然《中华人民共和国刑法》未将主播列为虚假广告罪的犯罪主体，但如果主播的身份与广告主或广告经营者的身份存在重合，又或者与法律规定的犯罪主体串通、共同实施虚假广告行为，其就可能以虚假广告罪被追究刑事责任。当然，有些时候，主播的行为虽然客观上进行了不真实的广告宣传，但不具有主观故意欺骗的意图，不能以本罪论处，需要具体案情具体分析。

（2）销售假冒注册商标的商品罪。销售假冒注册商标的商品罪，从犯罪行为上看包括两个具体行为，即假冒注册商标的行为和销售假冒注册商标的商品行为。本罪不仅侵犯了消费者的合法权益，还侵犯了他人的商标专用权，扰乱了社会主义市场经济秩序。"直播带货"活动中，常常有商家、主播等销售假冒注册商标的商品且非法获利金额巨大，极易构成本罪。

（3）生产、销售假药或劣药罪。《最高人民法院 最高人民检察院关于办理危害药品安全刑事案件适用法律若干问题的解释》规定，明知他人生产、销售假药、劣药，仍提供广告宣传等帮助行为的，以生产、销售假药、劣药罪共犯论处。在直播营销行为中，如果商家、主播等销售所含成分与国家药品标准规定成分不符的药品，可能构成生产、销售假药、劣药罪。

（4）诈骗罪。如果商家、主播等主体利用直播，以非法占有为目的发布虚假信息，骗取用户财物，其行为可能构成诈骗罪。例如，主播通过抽奖、虚假承诺等方式，直接骗取用户钱财。需要特别说明的是，即使主播并没有直接参与到诈骗行为实施过程中，但是若推广了诈骗信息且导致他人遭受财产损失，那么也有可能因推广诈骗信息而被认定为诈骗罪的帮助犯。

（二）针对"直播带货"法律风险的防范建议

1. 直播用语中不得含有《广告法》禁止的内容

例如，在对商品进行介绍时，应避免使用过度夸张的词语形容商品。例如，《广告法》

第九条规定，不得使用"国家级""最高级""最佳"等用语。另外，相关推广用语所表述的内容应当真实、合法，不得含有虚假或者引人误解的内容。应规范直播时的商品描述，客观公正地评价推荐的商品，谨慎评价其他同类商品。

2. 主播应试用相关产品

《广告法》第三十八条规定："广告代言人在广告中对商品、服务作推荐、证明，应当依据事实，符合本法和有关法律、行政法规规定，并不得为其未使用过的商品或者未接受过的服务作推荐、证明。"而主播在"直播带货"过程中会不可避免地对商品、服务作推荐、证明，因此应当在开播前或直播过程中进行试用，以符合法律规定。

3. 对商品信息进行核实，避免虚假宣传

开播前，选品团队要充分了解商品的基本信息、销售数据、专利信息、使用效果等内容。MCN（多频道网络）机构可要求品牌方就商品的下列信息提供相应的说明或证明文件：商品的性能、功能、产地、用途、质量、规格、成分、价格、生产者、有效期限、销售状况、曾获荣誉等，或者服务的内容、提供者、形式、质量、价格、销售状况、曾获荣誉等，MCN机构应设立专门岗位，负责初步审查、核实品牌方提供的说明文件信息的真实性，尽到合理的注意义务。

4. 尽量避免对特殊商品进行推荐

由于医疗、药品、医疗器械、保健食品、烟酒等涉及生物医药或人体健康，所以无论是前置审批手续还是推广过程，要求均比其他普通商品高得多。MCN机构应尽量避免与敏感行业的品牌方合作，若与该等品牌方合作，应当要求其提供相关资质文件，确保其具有相应的生产、销售资质，产品已取得相应的批文。还要注意履行广告审批机关的审批程序，对照相应商品的推广规范拟订特定的推广、直播方案，进行合规性审查，避免产生不必要的法律风险。

5. 办理市场主体登记手续

若MCN机构或主播自建店铺进行销售，应当符合《电子商务法》的规定，依法进行市场主体登记，销售商品或提供服务应当依法出具发票等购货凭证或服务单据，并在网店首页显著位置持续公示营业执照信息、与其经营业务有关的行政许可信息等。

6. 完善与品牌方之间的合作合同

MCN机构需要视情况对品牌方进行一定的背景调查，关注品牌方的资信情况、需带货商品的合规问题，要求品牌方提供相应的资质证明文件和资料，避免出现违反法律法规规定、侵犯第三方权益的情况。良好的商品品质及口碑有助于塑造直播带好货的形象及口碑，不至于"带货翻车"。

同时，MCN机构应安排专门的法务人员或律师认真起草和审查合作合同，对双方的利润分配模式（一口价、基础费用加提成、按直播收看人数计算等）、产品责任划分（如果所销售的商品存在质量问题或给消费者造成损失，由谁承担最终责任）、优惠券结算（以优惠券计算服务费时，明确是按张数还是按每单销售额；以GMV计算佣金时，明确含不含退/换货订单；明确ROI计算方式和退还方式，必要时用公式举例说明）、知识产权归属等易产生争议的问题，提前做好约定，以免影响自身的利益及与品牌方的友好合作关系。

7. 依法纳税

税收关乎国之大计、关乎民生。积极纳税是每个公民应尽的义务。互联网绝非法外之地，法律红线不可触碰，MCN 机构及主播不可存侥幸心理。在大数据、强征管形势下，MCN 机构和主播应进行充分的自查分析，评估个人及企业历史交易的税务风险。如发现问题，应及时与主管税务机关进行积极有效的沟通，做好自查补税方案，进行自查补税，尽可能减少对企业及自身的影响。

习题

一、选择题

1. 当商家、主播在"直播带货"过程中销售仿冒其他知名品牌商标的商品时，触犯的法律条例是（　　）。

A.《反不正当竞争法》　　　　B.《商标法》

C.《广告法》　　　　　　　　D.《价格法》

2. 下列（　　）不可能是计算机突然断电的原因。

A. 系统文件损坏　　　　　　　B. 病毒破坏

C. 电压不稳　　　　　　　　　D. 没打开路由器

二、简答题

1. 计算机网络出现故障的原因有哪几种？

2. 请列举"直播带货"时可能存在的法律、法规风险。

| 项目四 |

视频拍摄

📖 【项目导读】

如今进入了全民创作时代，每个人只需要一部手机便可进行视频创作。视频拍摄可以通过什么设备完成？视频拍摄的流程又是怎样的？看似简单，其实要将视频完整地创作出来，是需要多项技能的。

📑 【项目目标】

1. 能根据脚本使用手机软件拍摄产品
2. 能在拍摄过程中呈现产品的特征
3. 能在社交平台上保存拍摄的视频内容
4. 能制定拍摄方案
5. 能对拍摄素材进行分类管理
6. 能对素材进行剪辑并导出

🔍 （五级）任务一　手机软件拍摄方法

短视频 App 能实现一些简单的短视频拍摄操作，但这只是其辅助功能。短视频 App 的短视频拍摄功能与相机 App 的基本相同，不同之处在于其具备一定的短视频剪辑功能，并能直接发布到对应的短视频平台上。抖音、快手和微视都是这类 App 的代表。下面就以抖音旗下的剪映为例，介绍借助这类 App 拍摄短视频的简单流程。

在手机中打开"剪映"App，点击"拍摄"按钮，如图 4-1 所示。

弹出"剪映"App 需要访问相机的提示，点击"好"按钮，如图 4-2 所示。

进入拍摄窗口，点击中间的红色按钮，即可拍摄视频，如图 4-3 所示。

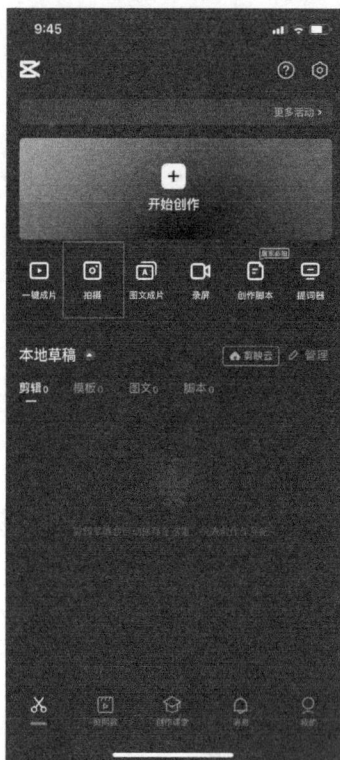

图 4-1

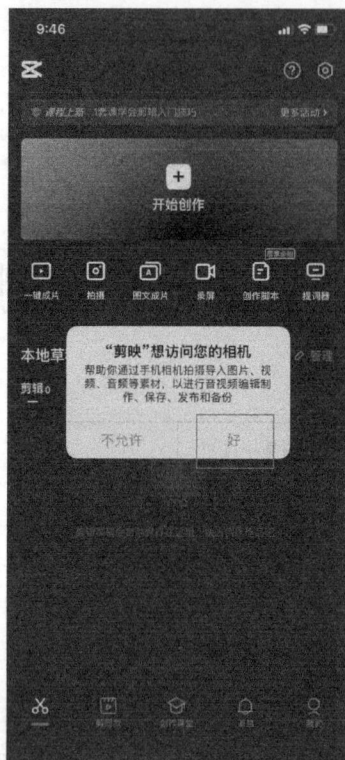

图 4-2

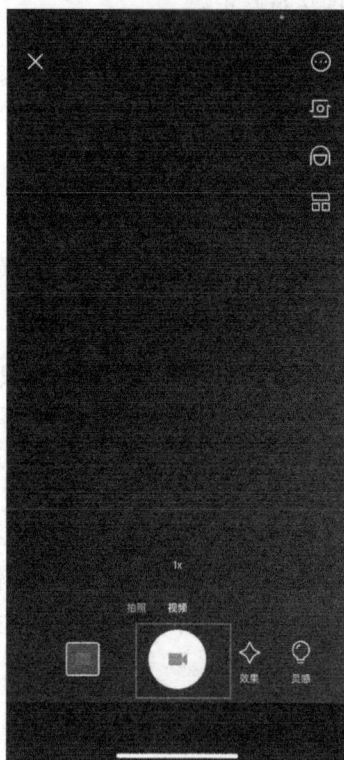

图 4-3

（五级）任务二 产品特征呈现技巧

要想较好地表达短视频的中心思想，就需要有一个良好的画面呈现。而要想呈现良好的画面，就需要在拍摄时掌握以下呈现技巧。

一、主体明确

画面构图的主要目的是突出主体，所以在进行商品视频拍摄画面的构图时，一定要将主体放在醒目的位置。按照人们通常的视觉习惯，可以让主体位于画面的中心位置，这样更容易突出主体，如图 4-4 所示。

图 4-4

二、主体陪衬

如果拍摄的画面中只有一个物品，那么未免有些单调。在拍摄时可以通过背景和装饰物品等进行陪衬，以突出主体，如图 4-5 所示。但是，切记要主次分明，不要让陪衬抢了主体的风头。

图 4-5

三、合理布局

拍摄画面中的物品并非随便摆放就能达到美观的视觉效果，需要让主体和陪衬在画面中合理分布，也就是画面的合理布局。

黄金分割法是指利用两条横线和两条竖线将画面平均分成 9 份，形成 4 个交点，然后围绕这些区域和点进行构图。例如，可以将要表现的主体放在任意一个交点上，或者放在 1 区、3 区、7 区、9 区中的任意一个区域。这种构图方法经常被定义为九宫格构图法，如图 4-6 所示。

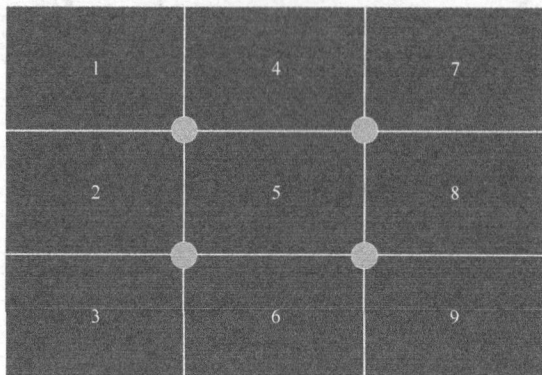

图 4-6

例如，选择将人物放于右下角交点附近进行突出显示（构图时，主体的位置并不一定要完全处在交点上），如图 4-7 所示。

图 4-7

事实上，三分法、居中构图法都是黄金分割法的不同演绎。三分法是将主体安排在两侧的纵向区域（纵向三分法，可以是 1 区、2 区、3 区组合区域，也可以是 7 区、8 区、9 区组合区域）或两侧的横向区域（横向三分法，可以是 1 区、4 区、7 区组合区域，也可以是 3 区、6 区、9 区组合区域）。居中构图法是将主体安排在 4 区、5 区、6 区组合区域或 2 区、5 区、8 区组合区域。

例如，将主体栈桥安排在画面横向 1/3 处，就形成了横向三分法的构图效果，如图 4-8 所示。

图 4-8

又如，将 3 匹马分别放在纵向排列的 3 个区域，画面结构稳定而醒目，就构成了纵向三分法，如图 4-9 所示。这也符合构图的奇数组合原则。

图 4-9

四、场景衬托

将拍摄主体放在合适的场景中，不仅能够突出主体，还可以给画面增加浓重的现场感，显得更加真实可信，如图 4-10 所示。

图 4-10

五、画面简洁

虽然拍摄主体时需要利用背景与装饰物品进行衬托，但也要力求画面简洁，避免杂乱无章。因此，在拍摄商品视频时，要敢于舍弃一些不必要的装饰。

如果背景比较杂乱，可以采取放大光圈的方法，让后面的背景模糊不清，从而达到突出主体商品、使画面更简洁的目的，如图 4-11 所示。

图 4-11

（五级）任务三　视频保存方法

在"剪映"App 中拍摄并剪辑好视频后，点击"导出"按钮，进入视频导出界面，如图 4-12 所示。视频保存完毕后，会有"已保存到相册和草稿"提示，如图 4-13 所示。此时点击"抖音"按钮，就可以发布到抖音上了。

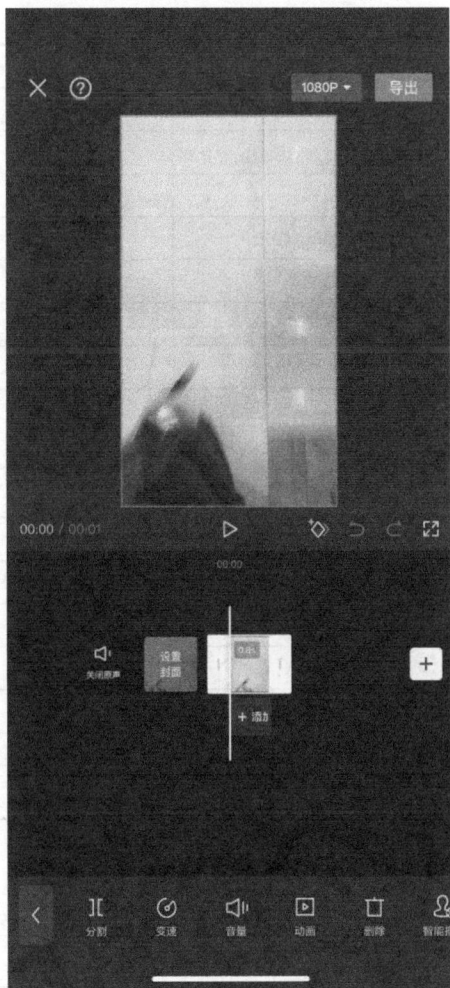

图 4-12

图 4-13

（四级）任务四　拍摄方案的制定方法

拍摄方案没有固定的模板，主要应包含视频基本信息、人员分工、时间安排、经费预算等。

下面给出一个拍摄方案示例。

一、视频基本信息

1. 视频名称

×××

2. 视频主题

讲述本视频拍摄的主要内容。

二、人员分工（见表4-1）

表4-1 人员分工

序号	成员	职责	备注
1	××	制片、录音	
2	××	编剧、导演、剪辑	
3	××	摄影	
4	××	执行导演、灯光	
5	××	剪辑助理	
6	××	道具	
7	××	服饰、化妆	

三、时间安排（见表4-2）

表4-2 时间安排

序号	过程	计划完成时间	责任人
1	视频拍摄策划书	××.××	××
2	剧本内容策划设计与编写	××.××	××
3	拍摄前期准备	××.××	××
4	素材拍摄采集	××.××	××
5	后期影视制作	××.××	××
6	作品审核上交	××.××	××

四、经费预算

1. 设备准备（见表4-3）

表4-3 设备准备

序号	设备	数量	设备来源	预算经费/元
1	笔记本计算机	1台	工作人员自备	/
2	摄影机	2台	实训室借用	/
3	摄影机脚架	2副	实训室借用	/
4	相机	1台	实训室借用	/

续表

序号	设备	数量	设备来源	预算经费/元
5	六翼无人机摄影组	1套	实训室借用	/
6	电源多用插板	2个	实训室借用	/
7	摄影主、辅灯	2只	实训室借用	/
8	摄影补光灯	1只	实训室借用	/
9	场记板	1块	实训室借用	/
	合计			0

2. 活动费用（见表4-4）

表4-4 活动费用

序号	物资或生活费	备注	预算经费/元
1	服饰		3000
2	化妆品		300
3	物品		500
4	外景拍摄生活费	10人，2天	1200
	合计		5000

3. 工作量预算（见表4-5）

表4-5 工作量预算

序号	事务或人员	人数/人	工作量/天	预算经费/元
1	策划、设计、拍摄制作人	5	30	
2	协助拍摄制作人	2	12	
3	六翼无人机协助拍摄	1	2	
4	外景拍摄	10	2	
5	室内拍摄	6	2	
6	后勤、驾驶员、杂务	1	6	
7	设备、物品采购	4	2	
	合计			

（四级）任务五 拍摄素材管理方法

一、SD卡管理

（1）挑选合适、优质的 SD 卡（一种基于半导体快闪记忆器的存储设备），避免存储异常，素材受损。为不同的设备挑选 SD 卡时，可以依照设备官网给出的指引进行购买：打开官网后，进入设备专页，在技术参数中查看支持的存储卡类型。在此基础上，尽量选择知名品牌和合适的读写速度。知名品牌有一定的质量保障；读写速度够了，拍摄高码流视频时不容易卡，也不容易出现存储错误。

（2）有序管理 SD 卡，避免素材丢失。如果有多张 SD 卡，应标记序号；在本子或手机上记录各个 SD 卡的使用情况（如哪张已用、哪张未用、哪个场景使用了哪张卡，避免换卡时无法分清哪张卡已存储满），后续归类整理时也会更方便。

（3）专卡专用，防止素材受损。当使用多个设备进行拍摄时，不要混用 SD 卡。比如先将某张 SD 卡装在 GoPro 上使用，然后又装到无人机上使用，SD 卡里同时有 GoPro 和无人机拍摄的素材，使用计算机打开时，有可能出现用 GoPro 拍摄的素材全部不能播放的情况，并且无从修复。这种情况出现的概率不大，但也应尽量避免。

（4）相机文件名正确设置，避免文件名重复、混乱。以索尼 A7S II 为例，相机里的文件序号要设置为系列，且不允许复位。换卡后，拍摄素材的命名会顺着先前的拍摄素材继续编号，不会复位和重新编号。后续整理两张 SD 卡的拍摄素材时就不会出现编号相同的情况。

（5）高风险拍摄注意备份。当拍摄一些高难度的镜头时，如在狭窄空间穿梭、贴近建筑物或海上航拍，需要注意素材备份。每拍摄完一条，就要让设备下来，将素材备份，避免出现炸机、飞不回来等情况时素材全部丢失，损失惨重。

（6）使用数码卡包。如果 SD 卡较多，建议购买数码卡包进行存放，避免丢失。

二、素材管理

为了避免误删、丢失素材，应对素材进行详细的分类，并及时删除作废素材，维护计算机的存放空间。

（1）整理计算机内素材，方便随时查找。为每个项目建立单独的文件夹，以"项目开始时间+主题"命名；如果拍摄时间跨度较长，那么在项目文件夹内按拍摄日期或拍摄地点建立子文件夹；如果有延时摄影的素材，要为其建立单独的文件夹。

（2）剪辑前准确分类素材，可大幅度提高剪辑效率。开始剪辑正片前，需要进一步分类整理。建议在 Pr 或 FCP 等剪辑软件中进行整理，这样不会改动原始文件夹，在剪辑过程中需要补充素材时也便于查找。以 Pr 为例，将 Pr 的媒体浏览器和素材箱搭配使用，效果极佳。一是通过媒体浏览器查看素材。通过媒体浏览器可以查看各种格式的视频，如可以快速预览 R3D 等 RAW 文件，这样就不用将其逐个拖进软件查看和筛选了。二是通过素材箱分类整理素材。例如，根据运镜方式、场景、画面的时间点、画面的相同元素/动作等进行分类，这样在剪辑过程中可以根据需要快速找到需要的镜头。

（四级）任务六　视频素材剪辑方法

当视频拍摄完成之后，需要进行视频素材剪辑。这一步的重点是对拍摄好的视频素材进行"包装"。剪辑是整个流程中不可缺少的部分，主要完成以下 4 个方面的工作。

（1）整理拍摄好的素材，剪辑出需要的视频内容。

（2）为剪辑完成的短视频添加背景音乐，渲染视频氛围。

（3）为剪辑完成的短视频添加字幕，提升视觉体验，也可以让用户更好地理解视频内容。

（4）为剪辑完成的短视频添加特效，提升视频格调，吸引用户目光。

剪辑人员在剪辑视频时，心思要细腻，力求素材之间逻辑严谨，从不同的角度剪辑，将相对完美的视频呈现在用户面前。

下面以常用的"剪映"App为例，讲解如何使用手机上的视频拍摄App进行视频素材剪辑。

步骤1：打开"剪映"App，点击"开始创作"按钮，如图4-14所示。

步骤2：进入视频选择界面，选择需要剪辑的视频素材，点击"添加"按钮，如图4-15所示。

图 4-14

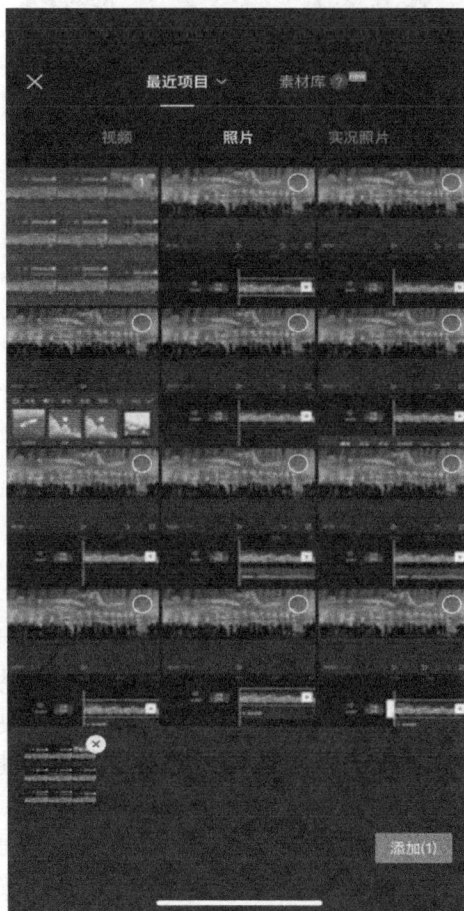
图 4-15

步骤3：导入视频后，点击"剪辑"按钮，如图4-16所示。界面中有一个"关闭原声"按钮。如果点击该按钮，该视频的原声（包括人声和背景音乐）都将被关闭，达到静音效果，按钮文字变为"开启原声"。

步骤4：进入剪辑界面，如图4-17所示。可以在此界面进行分割、变速、音量、动画、删除、降噪、变声、复制、倒放、定格等操作。

图 4-16   图 4-17

这里着重介绍两个常用操作，分别是变速和变声。

变速操作可以将视频播放速度调快或调慢。点击"变速"按钮，出现变速滑块，默认速度是 1×，如图 4-18 所示。将滑块往右滑是快速播放，往左滑是慢速播放。对于拆箱或使用说明等比较无趣的内容，往右滑 0.5×，可快速进入正题；对于需要展示效果的特写，往左滑 0.5×，以便清晰展示。设置好播放速度后，点击底部的 √ 按钮。

有人觉得自己的声音非常尖，也有人觉得自己的声音听起来有气无力，这都是因为后天缺乏专业训练，怎么办呢？可点击"变声"按钮，在打开的界面中进行变声设置，如图 4-19 所示。App 提供了萝莉、大叔、女生、男生等不同类型的变声效果，能解决部分声音问题。

步骤 5：点击"添加音频"按钮，进入音频界面，可以为视频素材添加音乐、音效等，可以从视频中提取音乐，也可以为视频录制声音，如图 4-20 所示。App 内置了很多抖音里比较流行的背景音乐和音效，基本能满足用户对音乐素材的要求。

下面着重介绍音频中的录音功能。很多商品视频都配有一段很长的旁白解说，其实并不是拍摄者直接背出的台词，而是在后期制作时使用"录音"功能念的稿子，即为提前拍摄的素材配的画外音。按住"按住录音"按钮，开始录音，如图 4-21 所示。录制好后，点击底部的 √ 按钮。

图 4-18　　　　　　　　　　　　　　　图 4-19

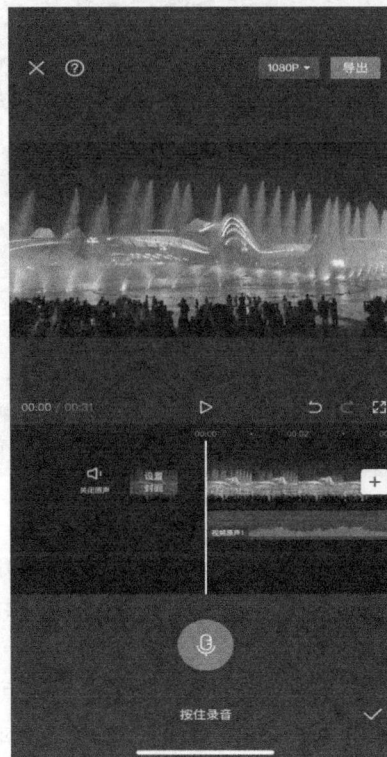

图 4-20　　　　　　　　　　　　　　　图 4-21

步骤6：点击"文本"按钮，再在打开的界面中点击"新建文本"按钮，可添加字幕和文字，如图 4-22 所示。也可以在点击"文本"按钮后，在打开的界面中点击"识别字幕"按钮，自动识别录音或视频中的声音添加字幕。如果在识别的过程中发现错别字，可以点击字幕加以修正。修正完后，如果想在视频中添加一些图片效果，可以点击"添加贴纸"按钮，在打开的贴纸列表中选择贴纸，并将贴纸拖动到视频中想要放置的位置。如果想让贴纸更炫酷一些，可以点击"动画"按钮，设置想要的动画效果。

步骤7：为了让视频更具美感，可以使用滤镜。点击"滤镜"按钮，打开滤镜列表，如图 4-23 所示。一般可以为商品视频选择"自然"或"鲜亮"滤镜。

图 4-22

图 4-23

步骤8：点击"特效"按钮，可以在打开的特效界面中选择为视频画面或人物添加特效，如图 4-24 所示。然后进一步选择为视频添加基础、动感、梦幻、复古、自然、分屏、边框等特效，如图 4-25 所示。

特效是"剪映"App 基础功能中的重点功能，同样一个商品视频，有的就像一个大片，看上去高大上，而有的就显得很一般，原因就是部分视频加了特效。

步骤9：点击"比例"按钮，进入比例界面，可以看到 App 内置了很多视频比例，如图 4-26 所示。抖音的主流格式有两种，分别是竖屏 9∶16 和横屏 16∶9。如果是真人出镜，就推荐竖屏，因为竖屏显得人物更立体，整个人的轮廓也更清晰。如果只拍商品，就推荐横屏，因为横屏呈现得更全面，也可以在上下两个背景墙上添加一些辅助介绍。当然，具体的视频比例要根据情况来选择，但有一个标准要遵循，就是让用户感觉自然和舒服。

图 4-24

图 4-25

步骤 10：如果在步骤 9 中选择了横屏，可能需要用背景进行装扮。点击"背景"按钮，进入背景界面，可以在此设置画布颜色、画布样式和画布模糊效果，增强视频的视觉体验感，如图 4-27 所示。

步骤 11：点击"调节"按钮，进入调节界面，可以在此设置视频素材的亮度、对比度、饱和度、光感、锐化等，如图 4-28 所示。一般将商品视频的光线调得明亮一些，这样能激发用户的购买欲。

步骤 12：不再进行其他修改后，点击"导出"按钮，稍等片刻，会提示"已保存到相册和草稿"，如图 4-29 所示。

图 4-26

图 4-27

图 4-28

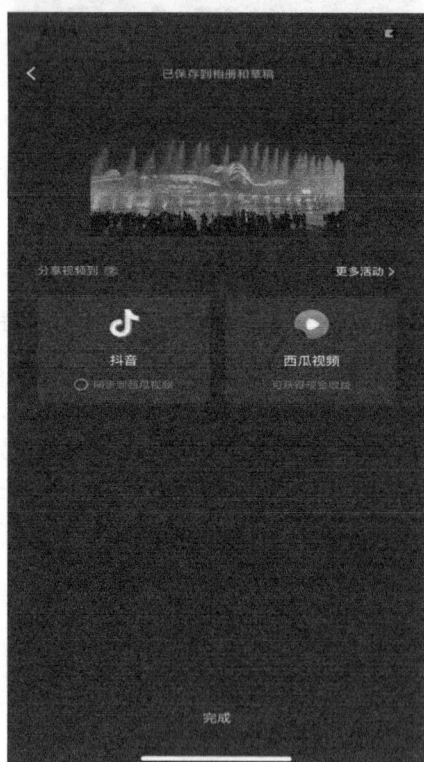

图 4-29

习题

一、选择题

1. 在黄金分割法的构图方法中，以下分割区域属于居中构图法的是（　　）。

A. 1区、5区、6区　　　　　　　　　　B. 4区、5区、6区

C. 3区、6区、9区　　　　　　　　　　D. 1区、4区、7区

2. 在"剪映"App中，如果想添加画外音，应该使用的功能是（　　）。

A. 音频　　　　　　B. 调节　　　　　　C. 特效　　　　　　D. 背景

二、简答题

1. 产品特征拍摄有哪些呈现技巧？

2. 如何对素材进行剪辑包装？

| 项目五 |

视频内容

【项目导读】

在万众创作的时代，视频内容五花八门，令人眼花缭乱。想让自己的视频脱颖而出，视频内容就需要有亮点，紧跟时代热点。如果基于产品创作视频，则需要提前对产品卖点进行提炼，设计创意方案后进行拍摄。使用专业的拍摄设备可以使视频质量更胜一筹。但要想胜出，并不能只靠表面的内容拍摄，底层的用户画像逻辑和拍摄团队及拍摄方案的组织规划也是很重要的组成部分。要将视频做到爆款，还要善于利用视频矩阵进行引流营销，对视频账号进行针对性孵化。

【项目目标】

1. 能提炼产品的关键词及卖点
2. 能结合产品卖点设计视频创意方案
3. 能运用多种拍摄设备展示产品特性
4. 能进行视频创作规划
5. 能制定视频制作流程
6. 能建立视频矩阵
7. 能孵化视频账号

（三级）任务一　产品关键词的提炼技巧

关键词是短视频内容的核心，是用户搜索和发现内容的桥梁。合适的关键词有助于视频在搜索结果中获得更靠前的排名，从而吸引更多的目标受众；可以提升视频的点击率，增加粉丝互动量，提高产品的销售转化率。

一、了解产品及其目标受众

要提炼关键词，就需要知道产品是什么，它的特点是什么，以及其目标受众是谁。只有这样，才能确定最能吸引目标受众注意力的关键词。

例如，如果要针对一款健康食品创作视频，其目标受众可能是关注健康、追求生活品质的成年人。在这种情况下，"健康""天然""无添加"等词语可能就是吸引他们的合适关键词。

二、提炼关键词

（一）使用关键词研究工具

使用关键词研究工具（如 Google 的 Keyword Planner、Semrush 等）有助于找到与产品相关的热门搜索词。通过这些工具，可以了解哪些关键词的搜索量大，竞争程度如何，以及它们与自己的产品是否高度相关。

以上述健康食品为例，可以在 Keyword Planner 中输入"健康食品"这个关键词，然后查看搜索结果中出现的热门搜索词。可以看到"有机食品""无添加食品""天然食品"等都是搜索量较大的关键词。

（二）选择具有冲击力的关键词

除了需要选择与产品相关的关键词，还需要选择具有冲击力的关键词。这意味着需要找到那些能够引起人们注意，激发人们好奇心，或者引发人们情感反应的词语。

例如，可以使用"改变生活的××食品"或"告别××问题的健康食品"等表述。这样的关键词不仅能够吸引人们的注意力，还能让人们产生共鸣，从而提高视频的传播效果。

三、案例分析

接下来用一个具体案例来说明如何提炼关键词。假设正在制作一部关于环保洗衣液的短视频。

提炼关键词前需要了解这款洗衣液的特性。这是一种环保、无磷、无荧光剂、无化学添加剂的洗衣液，其目标受众是注重环保、生活质量，愿意为环保付出一定成本的年轻人。

在了解了产品及其目标受众后，就可以开始提炼关键词了。通过 Keyword Planner 可以发现，"环保洗衣液""无磷洗衣液""有机洗衣液"等都是搜索量较大的关键词。然而，这些关键词可能过于普通，缺乏冲击力。

因此决定采用"环保革命的洗衣液"和"改变生活的洗衣液"这两种表述。这两种表述不仅突出了产品的环保特性，还强调了对生活方式的影响，有助于吸引目标受众的注意力。

四、提炼关键词的注意事项

（1）使用简洁明了的语言：应避免使用复杂的词汇和长句，这样用户才能快速理解信息。

（2）适当使用动词和形容词：动词和形容词可以增强语言的表现力，使信息更具吸引力。

（3）保持一致性：应该保持一致的语言风格和信息表达方式，这样可以提高用户的观看体验，增加他们的观看时长。

（三级）任务二 创意方案的设计

一、创意方案的设计步骤

（一）确定目标受众

在设计短视频创意方案之前，要明确视频的目标受众是谁。通过对目标受众的深入了解（包括他们的年龄、性别、兴趣爱好、受教育程度、社交媒体使用习惯等），可以更好地把握他们的需求和兴趣，从而有针对性地设计出受欢迎的短视频内容。

（二）确定主题和关键词

应根据目标受众的特点，选择与之相关的主题和关键词。这些主题和关键词应该与产品或服务相关联，能够引起目标受众的兴趣，并帮助他们理解产品或服务。

（三）制定故事板

故事板是短视频创意方案的核心，能够将主题和关键词以视觉形式呈现出来。故事板应该包括以下元素。

（1）剧本：编写一个有趣、简短且具有吸引力的剧本，有助于展示产品或服务。

（2）角色：创建一些具有鲜明个性的角色，吸引用户的注意力。

（3）场景：选择与主题和关键词相关的场景，创造一个视觉效果强烈的环境。

（4）镜头：设计每个镜头的角度、运动方式和焦点，以展示故事情节。

（5）音乐和声音：选择合适的音乐和声音效果，以增强视频的氛围和情感。

（四）拍摄和制作

根据制定的故事板，进行视频的拍摄和制作。在这一阶段，需要注意以下 3 点。

（1）选材：选择的素材应该与主题和关键词相关，并且具有较高的质量。

（2）技术：使用适合的拍摄技术和后期制作工具，以实现最佳的视觉效果和音效。

（3）时间：合理安排拍摄时间，以确保视频能够在规定时间内完成。

（五）发布和推广

完成短视频制作后，需要选择合适的社交媒体平台进行发布和推广。在这一阶段，需要注意以下 3 点。

（1）平台：选择与目标受众相符的社交媒体平台，如抖音、快手、微博等。

（2）时间：选择最佳发布时间，以确保视频能够获得最多的关注和最高的点击率。

（3）互动：通过与观众互动（如回复评论和私信），提高用户黏性。

二、创意方案的设计方法

（一）熟悉行业惯例和实用技能

了解行业惯例和实用技能是设计优秀短视频创意方案的基础。通过学习其他成功案例，观察行业趋势和用户需求，可以不断提高自己的设计能力。

（二）创新和突破

在竞争激烈的市场中，创新和突破是设计优秀短视频创意方案的关键。可通过尝试新的主题、视角、技术和故事情节，创造出具有吸引力和冲击力的短视频内容。

（三）以用户为中心

在设计短视频创意方案时，应始终保持以用户为中心的思想。通过了解目标受众的需求和兴趣，创作出能够打动他们内心的短视频内容，从而实现视频传播和产品销售的目标。

三、案例分析

为了更好地理解短视频创意方案的设计方法，下面给出一个具体案例。

1. 案例：食品品牌短视频创意方案
2. 主题：美食分享
3. 关键词：美食、分享、健康、自然
4. 故事板：
（1）剧本：展示一位年轻女性在厨房制作健康食品的过程，同时分享她的美食心得。
（2）角色：一位年轻女性，穿着时尚、干净利落，热爱健康食品。
（3）场景：现代化厨房，设备齐全，自然光线充足，有背景音乐。
（4）镜头：运用稳定器进行跟拍，展示制作过程的不同角度和细节。
（5）音乐和声音：轻快的背景音乐和清晰的制作声音。
5. 拍摄和制作：
（1）选材：选择新鲜、健康的食材，如蔬菜、水果、坚果等。
（2）技术：使用高分辨率、高帧率的摄影设备进行拍摄，后期使用剪辑软件进行剪辑和调色。
（3）时间：拍摄和制作周期为一周。
6. 发布和推广：
（1）平台：选择与食品品牌定位相符的社交媒体平台，如小红书、抖音等。
（2）时间：选择周末发布，以便吸引更多潜在用户观看。
（3）互动：鼓励用户留言分享自己的美食心得，选取部分留言进行回复互动。

（三级）任务三　专业拍摄设备的使用方法

高质量的视频作品往往需要借助一些专业设备来完成。拍摄设备决定了最终画面的质量；针对不同的场景，需要用不同的拍摄设备。短视频创作是一条成长之路，可以在这个过程中随自身专业水平的提升，升级拍摄设备，毕竟适合自己的才是最好的。

一、拍摄设备

（一）手机和相机

1. 手机

对于大部分尝试拍摄短视频的新手来说，一部手机足以搞定大部分拍摄场景。但是手机与专业的拍摄设备相比，画面质量还是稍显逊色，且供后期处理的空间较小。对于专业的短视频拍摄团队来说，选用更专业的拍摄设备会更好。

2. 微单相机

微单相机是大多数 Vlog（视频记录）拍摄者的不二选择，融便携和专业为一体。与手机相比，同等价位的微单相机在拍摄性能、焦距覆盖范围及画质上都更胜一筹，高端微单相机还能满足专业摄影的需求。对于新手 Vlog 博主来说，在提高了摄影水平并积累了一定的拍摄经验后，可以选择微单相机，如图 5-1 所示。

图 5-1

3. 单反相机

与微单相机相比，单反相机的专业性和续航能力更强，并且镜头群数量多，适合专业能力强的摄影人士及对画质要求较高的用户使用。与上述两种设备相比，单反相机的价格更高，机身和镜头也相对更重，不适合长时间携带出行，如图 5-2 所示。需要注意的是，单反相机的参数设置和镜头配置都有较强的专业性，且对初学者来说难以掌握拍摄技巧。

（二）镜头

微单相机和单反相机都可以根据场景的需求配备合适的镜头。常见的镜头类型有广角镜头、定焦镜头、长焦镜头、微距镜头等。

图 5-2

1. 广角镜头

广角镜头是一款焦距很短、视角范围很大且景深很深的镜头，通常用于拍摄大场景或小空间的全景，突出被拍摄场景的宽阔或高大，如图 5-3 所示。鱼眼镜头是一种极端的广角镜头，因镜片向前凸出得像鱼的眼睛而得此名，其视角范围比普通广角镜头更大，超出了人眼所能看到的范围，拍出的图像呈畸变效果，带有强烈的视觉冲击感，如图 5-4 所示。

图 5-3

图 5-4

2. 定焦镜头

定焦镜头是只有一个固定焦距的镜头，不具有变焦功能。与变焦镜头相比，定焦镜头对焦更准确、速度更快、成像质量更稳定、光圈更大、虚化效果更好，非常适合近距离拍摄人像、静物等，如图 5-5 所示。

图 5-5

3. 长焦镜头

长焦镜头是指比标准镜头焦距长的镜头，如图 5-6 所示。长焦镜头分为普通远摄镜头和超远摄镜头两种类型。一般来说，镜头焦距在 85～300 毫米的为普通远摄镜头；镜头焦距在 300 毫米以上的为超远摄镜头。长焦镜头通常在拍摄演出现场、野外摄影、拍摄月亮等时使用，将远处的景拉近拍摄。

图 5-6

4. 微距镜头

微距镜头（见图 5-7）多用于表现昆虫、饰品等物品的细节，可以很好地表现对象的特点，如图 5-8 所示。

图 5-7

图 5-8

（三）三脚架

使用三脚架拍摄稳定场景。三脚架是一种用来稳定相机的支撑架，在一些特殊拍摄情况下，可以营造相对稳定的拍摄条件。三脚架通常分为相机三脚架（见图 5-9）和手机三脚架（见图 5-10）两种，使用方法和功能也有所不同。下面分别介绍两种三脚架的特点。

图 5-9

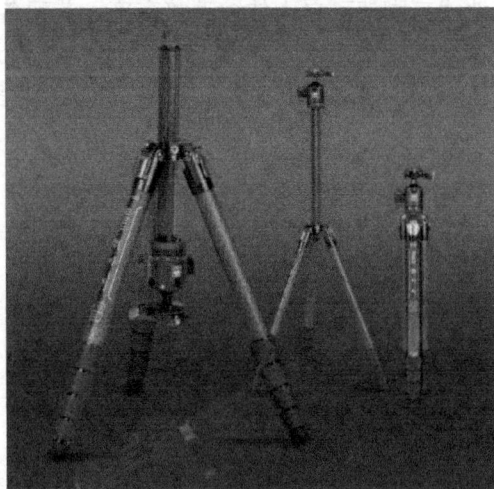

图 5-10

1. 相机三脚架

根据材质，相机三脚架可分为碳纤维三脚架和铝合金三脚架两种。这两种三脚架均可反折收纳，且能够自由地调整云台角度。碳纤维材质比铝合金材质轻便，价格也更高，环境适应能力比铝合金三脚架要好，防刮、防腐蚀，韧性较强，适合外出拍摄时使用。铝合金三脚架比碳纤维三脚架的性价比高，虽然材质更重，但稳定性强，适合在室内拍摄时使用。

2. 手机三脚架

手机三脚架适合日常拍摄，轻便易携带，能满足多种场景的拍摄需求，性价比极高。下面介绍两种常见的手机三脚架。

（1）八爪鱼式三脚架。八爪鱼式三脚架轻便且体积小，可以放置在桌子上，也可以手持拍摄。八爪鱼式三脚架的使用范围非常广，无论是旅行、Vlog，还是室内直播测评等场景都可以使用，也是拍摄一些特殊效果的必备物品。例如，在拍摄水中倒影，或者在一些不平稳的地方拍摄时，八爪鱼式三脚架能通过缠绕弯曲等多种方式稳定住，如图 5-11 所示。

图 5-11

（2）落地式三脚架。落地式三脚架常用于直播、Vlog、测评等视频的拍摄，具有稳定性高、不易倾倒的特点。落地式三脚架可自由伸缩调整高度。若配备 360°旋转云台，则能够任意调节拍摄角度，满足不同的拍摄需求，如图 5-12 所示。在有远程拍摄功能的情况下，将蓝牙装置与拍摄设备连接，借助落地式三脚架能轻松实现远程遥控自拍。

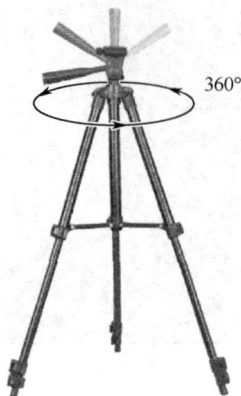

图 5-12

（四）稳定器

使用稳定器拍摄稳定运动画面。稳定器是短视频拍摄工作中至关重要的辅助工具，有助于拍摄出平稳、顺滑的画面，提升档次。

稳定器由 3 个陀螺仪电机构成，一个陀螺仪电机控制并稳定一个维度。电机控制拍摄时的方向和转速，可以有效纠正画面倾斜情况，即使在运动状态下拍摄，也能保证画面的流畅度和稳定性。

手机稳定器（见图 5-13）较轻，方便携带出行，一般适用于手持运动拍摄，也适用于直播、全景摄影、物体追踪拍摄等，对于摄影技术还不成熟的初学者来说，能大大提高画面质量。

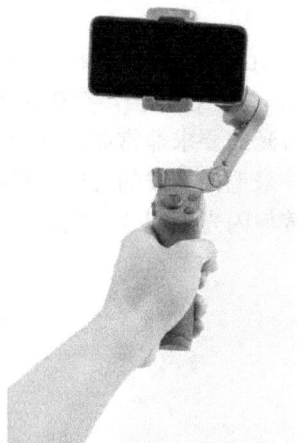

图 5-13

对于技术成熟并且想追求更高画面质量者，则需要根据自身拍摄设备情况选择合适的相机稳定器。相机稳定器的承重能力更强。

二、辅助拍摄设备

（一）补光灯

补光灯是用来对缺乏光照度的设备进行灯光补偿的工具。在短视频拍摄中，常用的补光灯有环形补光灯、常亮灯和便携补光灯。下面逐一进行介绍。

1. 环形补光灯

环形补光灯的设计是为了增大光线发射的面积，光照强度可调节，灯光柔和，在人的眼睛里会反射出一个环形的光斑，因此显得人眼特别有神，是美妆博主和带货博主的不二选择，如图 5-14 所示。环形补光灯的缺点是可控制的光线角度较少，一面光不能顾及所有面。

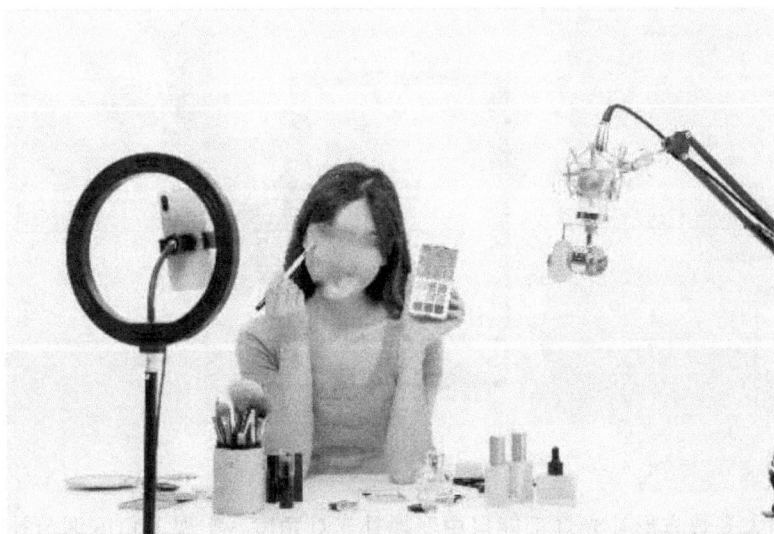

图 5-14

2. 常亮灯

常亮灯是摄影棚内摄影用的灯光，常与反光板、柔光箱、雷达罩等配件搭配使用，如图 5-15 所示。这种灯光价格较高，专业性较强，在摄影棚内除了用于拍摄人像，还用于拍摄各种静物和小物件等，所以对布光的要求非常高，适合有扎实基础的专业摄影人士使用。常亮灯的优势在于其可以利用配件来把控光线的方向和角度，精准地把光打在需要表现或突出的位置。在进行拍摄创作时，常与闪光灯配合使用，主要起到引导及把控方向的作用。

图 5-15

3. 便携补光灯

便携补光灯按形状可以分为方形补光灯和棒形补光灯。方形补光灯一般比较小巧，打光均匀柔和，如图 5-16 所示，通常在婚庆、直播，以及珠宝、玩具、装饰品等拍摄工作中使用。这类补光灯支持色温调节，可以满足不同场景下的灯光需求。

图 5-16

市面上的大多数方形补光灯都能自由变换补光灯角度，实现多角度调节补光，实用性非常强，如图 5-17 所示；支持三脚架、相机、摄像机等多种加装方式，如图 5-18 所示。

图 5-17

图 5-18

　　相较于方形补光灯，棒形补光灯打光不均匀，容易产生阴影，更适用于局部打光和侧面拍摄时打光，工作人员可以通过安装挡板的方式来控制光源，达到聚光的目的，如图 5-19 所示。部分棒形补光灯还具有彩色模式和特效模式，在彩色模式下可设置不同的灯光颜色，如图 5-20 所示；在特效模式下则可以根据具体场景模拟出适合的光效，达到逼真的布光效果，如雷电、警车、电视、爆炸等灯光效果。

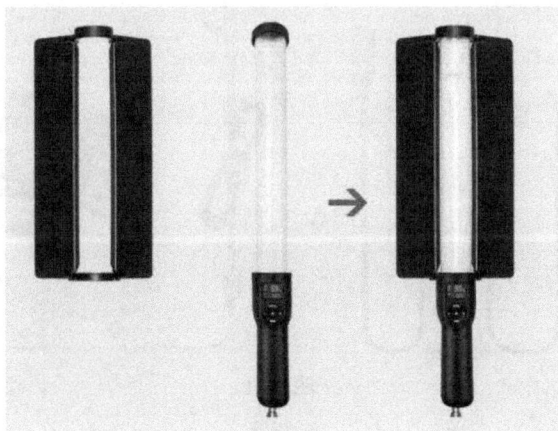

图 5-19

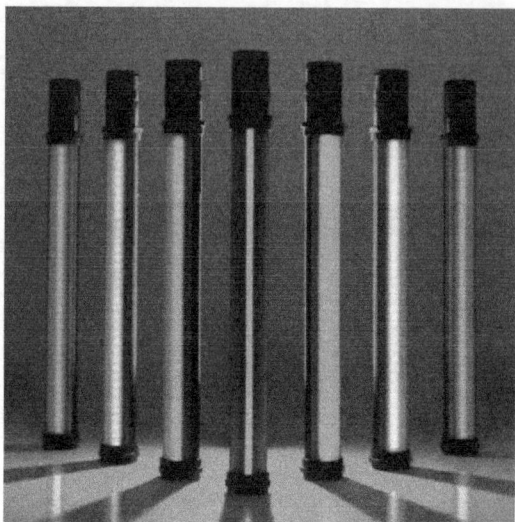

图 5-20

（二）麦克风

使用麦克风收录无损音质。麦克风就是话筒，是一种将声信号转换成电信号的换能器。麦克风的种类很多，每种都是针对特定场景的。接下来介绍进行短视频制作时常用的麦克风设备。

1. 领夹式麦克风

领夹式麦克风分为有线和无线两种类型，特点是无须手持，样式小巧轻便，便于隐藏于衣领下方。

有线领夹式麦克风可以直接与手机、计算机、摄像机等设备连接使用，只需将连接线插入设备接口中即可，如图 5-21 所示。

插上连接线

图 5-21

无线领夹式麦克风主要由发射器和接收器组成，收音范围广（空旷地带 100 米以内），如图 5-22 所示，左边为接收器，右边为发射器。发射器用来连接麦克风，发射音频信号；接收器用来与录制设备连接，接收音频信号。在拍摄时，根据设备使用说明将发射器和接收器配对连接，进行频道匹配，匹配成功后即可开始使用。

图 5-22

2. 桌面式电容麦克风

桌面式电容麦克风的特点是方便携带、较轻，降噪效果好且声音清晰，性价比非常高，适用于各大主流应用软件，使用时只需将连接线的接口插入设备接口即可，如图 5-23 所示。此类麦克风适合在室内、近距离和安静的环境中使用。

图 5-23

除了必不可少的拍摄设备，视频内容也至关重要，如果视频内容足够亮眼吸睛，也可以在一定程度上让用户忽略拍摄上的瑕疵。总之，设备与视频内容相辅相成，高质量的视频内容可以将专业拍摄设备的优势发挥到极致，精彩的视频内容也要靠优秀的前期拍摄来完美展现。

（二级）任务四 视频创作规划设计方法

视频创作规划在业内一般通俗地称为短视频策划。短视频策划方法通常包括用户定位、内容定位、团队搭建和脚本设计 4 项具体内容。

一、用户定位

进行短视频策划前首先要分析并定位用户。例如，要策划一个游记类短视频，可以通过数据网站查看旅游类短视频的用户画像，包括用户的性别分布、年龄分布、地域分布等。下面在抖查查官网中查看最近一个月旅游类和宠物类短视频的多个达人账号的粉丝画像，并根据粉丝画像进行用户定位。具体操作步骤如下。

（1）打开抖查查官网，选择"达人"→"粉丝总榜"选项，在打开的"粉丝总榜"页面选择"月"和"旅游"选项。

（2）单击某位短视频达人右侧的"查看详情"按钮，进入该短视频达人的主页。切换到"粉丝画像"选项卡，即可查看该短视频达人的粉丝信息，系统将显示该短视频达人的粉丝性别分布、年龄分布、地域分布、活跃时间分布等各项属性信息。

（3）返回"粉丝总榜"页面，在下面的"分类"栏中选择"萌宠"选项，再单击某位短视频达人右侧的"查看详情"按钮，进入该短视频达人的主页。切换到"粉丝画像"选项卡，即可查看该短视频达人的粉丝信息，如图 5-24 所示。

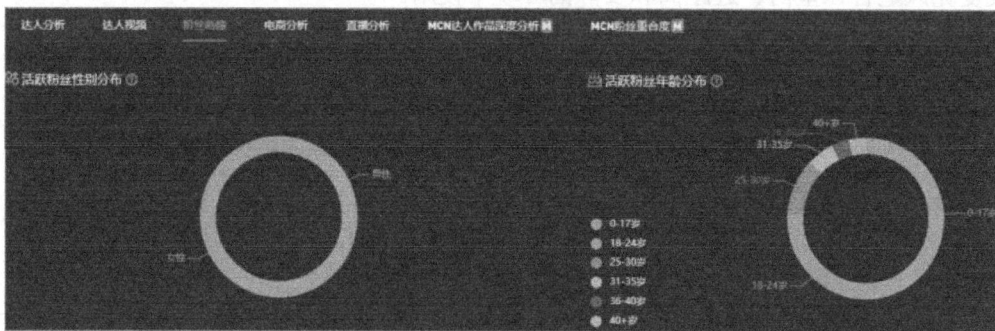

图 5-24

（4）在两种类型的短视频达人中选择 3 位粉丝数量最多者，分别查看其粉丝画像，并对粉丝的性别分布、年龄分布、省份分布等相关数据进行记录和统计。

二、内容定位

明确主要用户的相关信息后，就可以根据用户的特征和需求进行分析，明确短视频的具体内容了。具体操作步骤如下。

（一）确定短视频内容的方向

根据用户定位，可以得出这类用户观看旅游类和宠物类短视频的主要目的有两个：一是欣赏美景和宠物，获得美的享受，从而放松和愉悦自己的身心，同时打发空闲时间，满足心理需求；二是从这些短视频中学习旅游攻略，或者饲养宠物的方法，积累经验和知识。因此，可选择制作"成都大熊猫繁育基地一日游"Vlog，既能通过风景给予用户视觉享受，又能通过拍摄大熊猫和一些宠物满足用户的休闲需求。此外，可在短视频中简单介绍景区的基本情况，为想去该景区的用户提供一些实际帮助，满足用户的实用需求。

（二）确定短视频内容的风格

旅游类短视频的风格比较固定，特别是旅游攻略类短视频，通常以生活 Vlog 为主，在旅游的过程中会带一些可爱的动物等。为了更适合新手操作，该短视频以具体的拍摄和制作为主，拍摄简单、制作成本较低，而且拍摄的素材不需要太多，只需拍摄一些重要画面进行剪辑组合即可。

（三）确定短视频内容的形式

几乎所有旅游类短视频都以真人、肢体或语音为主，考虑到制作成本和团队的问题，以及该短视频以风景和宠物为主要内容，所以该短视频内容的形式将以风景和宠物为主。

三、团队搭建

从策划、拍摄、剪辑到运营，每步都有比较复杂的流程，需要组建专业的团队来运作。表 5-1 简要地列举了视频创推团队的岗位安排和技能需求；表 5-2 简要地列举了视频创推团队各岗位的职责。

表 5-1

岗位	技能							
	策划	脚本	拍摄	剪辑	普通话	出镜	发布	运营
编剧、导演	精通	精通	掌握	掌握	掌握	掌握	掌握	掌握
摄像	掌握	精通	精通	了解	掌握	掌握	了解	了解
剪辑	掌握	掌握	了解	精通	掌握	掌握	了解	了解
运营	掌握	了解	了解	掌握	掌握	掌握	精通	精通

表 5-2

岗位	职责	结果	责任人
编剧、导演	确定选题	每周至少确定 5 个选题	A
	根据运营人员的反馈修改选题和短视频内容	每周针对出现的问题列出改进方案	
	制作出明确的拍摄、剪辑大纲和脚本	将确定的选题内容展示给摄像、剪辑人员	
摄像、剪辑	根据脚本拍摄短视频	每周至少拍摄 5 个短视频的素材	B
	对拍摄的短视频进行剪辑	每周至少剪辑 5 个短视频	
	根据运营人员的反馈补拍短视频素材并重新剪辑短视频	每周根据问题列出改进方案，并完成短视频的最终制作	

续表

岗位	职责	结果	责任人
运营	对完成的短视频进行多平台分发	选择短视频分发平台	C
	对发布的短视频进行数据分析，并进行内容和用户运营	完成目标任务，如用户增加数量、转发数量、收益金额等	
	根据数据分析结果和运营情况，向编剧、导演、摄像、剪辑人员提出反馈	根据具体的情况提出改进方案	

四、脚本设计

短视频脚本通常分为拍摄提纲、分镜头脚本和文学脚本 3 种类型，分别适用于不同类型的短视频内容，下面分别进行介绍。

（一）拍摄提纲

拍摄提纲涵盖短视频内容的各个拍摄要点，通常包括对选题、视角、题材形式、风格、画面和节奏的阐述，可对拍摄短视频内容起到一定的提示作用，适用于一些不容易掌握和预测的内容。

（二）分镜头脚本

分镜头脚本主要以文字的形式，用镜头直接表现短视频画面的内容。分镜头脚本的主要内容通常包括镜号、景别、运镜方式、时长、画面内容、旁白、音效、机位等。

（三）文学脚本

文学脚本的内容不如分镜头脚本那么精细，只需写明短视频中的主角需要做的事情或任务、所说的台词、所选用的镜头、整个短视频的时间长短等，适用于不需要太多剧情的短视频，如常见的教学视频、评测视频、营销视频等。

（二级）任务五　视频制作步骤

视频的制作过程主要是指短视频拍摄和剪辑过程，通常包括前期的策划与筹备、中期的拍摄、后期的剪辑 3 个主要阶段。

一、策划与筹备阶段

策划与筹备阶段主要为中后期的短视频拍摄和剪辑做好准备工作，这一阶段的主要工作包括组建短视频制作团队、撰写和确定脚本、准备资金、落实拍摄工作。

（一）组建短视频制作团队

短视频制作团队通常包括编剧、导演、摄像、剪辑等人员。有时候为了节约成本，很多短视频制作团队仅由一两个人组成，每个人都身兼数职。

（二）撰写和确定脚本

撰写和确定脚本是短视频制作过程中的重要步骤，一个好的脚本是创作出热门短视频的关键。脚本可以由专门的编辑撰写，也可以根据其他的热门短视频或故事、段子等改编。撰写完的脚本需要经过制片人、编剧和导演的共同确认，才能作为拍摄短视频的剧本。

（三）准备资金

资金是进行短视频拍摄的物质基础。在拍摄短视频前需要根据团队规模、所需器材和道具、拍摄时间和难度、剪辑过程等预估并获得尽可能多的资金。

（四）落实拍摄工作

资金到位后，就可以开始落实各项拍摄准备工作。例如，编剧和导演需要根据脚本对短视频的故事情节、场景安排、道具灯光、镜头设计等进行策划，设计好拍摄使用的分镜头脚本。制片人和编剧、导演等需要安排好演员、服装道具、场景灯光、食宿交通、拍摄剪辑日程等方面的事宜，最好制订一个详细的工作计划。

二、拍摄阶段

拍摄阶段是短视频制作过程中十分繁忙且重要的阶段，起着承上启下的作用。拍摄阶段在策划与筹备阶段的基础上进行短视频的实际拍摄，为剪辑阶段提供充足的视频素材，为最终的短视频成片奠定基础。

拍摄阶段的主要工作人员是导演、摄像和演员。导演需要安排和引导演员、摄像的工作，并处理和控制拍摄现场的各项工作；摄像需要根据导演和脚本的安排，拍摄好每个镜头；演员则需要在导演的指导下，完成脚本中设计的所有表演。另外，拍摄过程中诸如灯光、道具、录音等方面的工作人员也需要全力配合。图 5-25 所示为某短视频拍摄现场，主要工作人员包括制片人、导演、演员、化妆、摄像、灯光等。

图 5-25

三、剪辑阶段

拍摄完成后，就可以进入剪辑阶段。在该阶段，剪辑人员要使用专业的视频剪辑软件进行短视频素材的后期剪辑，包括剪辑、配音、调色、添加字幕和特效等具体工作，最终制作成一个完整统一的短视频作品，如图 5-26 所示。

图 5-26

通常，短视频的剪辑有以下几个流程。

（一）整理短视频素材

整理短视频素材的基本工作是将在拍摄阶段拍摄的所有短视频素材进行整理和编辑，按照时间顺序或脚本中设置的剧情顺序进行排序，甚至还可以将所有的短视频素材进行编号归类。

（二）设计工作流程

应熟悉短视频脚本，了解脚本对各种镜头和画面效果的要求，按照整理好的短视频素材设计剪辑工作的流程，并注明工作重点。

（三）粗剪

应观看所有整理好的短视频素材，从中挑选出符合脚本需求、画质清晰且精美的画面，然后按照脚本中的剧情顺序进行重新组接，使画面连贯、有逻辑，形成第一稿影片。

（四）精剪

在第一稿影片的基础上，进一步分析和比较，剪去多余的画面，并为视频画面调色，添加滤镜、特效和转场效果，以增强画面的吸引力，进一步突出内容主题。

（五）成片

在完成了短视频的精剪后，可以对其进行一些细小的调整和优化，然后添加字幕，并配上背景音乐或旁白，最后为短视频添加片头和片尾，形成一条完整的短视频。

（六）发布

短视频剪辑完成后，通常需要上传到各大短视频平台进行发布，这样用户才能看到最终成片。

当然，由于短视频的制作门槛很低，很多短视频创作者仅使用一部手机就能独立完成一条短视频的创作。所以，在制作短视频时，不一定要严格遵照以上流程和框架，只要认真去拍摄和实践，就能开创出一套适合自己的流程。

发布短视频后，为了获得更多的流量和粉丝，通常还需要对短视频进行运营。短视频运营的具体工作包括了解各平台的推荐规则，选择适合自己的平台；通过积极寻求商业合作、互推合作等方式来拓宽短视频的曝光渠道；不定时地与用户互动，以增强用户黏性，不断强化自己账号的个性色彩，对用户进行垂直价值输出。

以上运营工作有时候也被划分到短视频创作的流程中，作为整个流程的最后一个步骤。

（一级）任务六　视频矩阵的建立方法

一、认识短视频矩阵

短视频矩阵是指通过同时运营不同的账号，来打造一个稳定的粉丝流量池。简而言之，就是通过在短视频平台（如抖音、快手等）运营不同的账号，让账号与账号打通，进行互推导流，实现多平台的展现，提升粉丝数量，为后期的变现做好准备。道理很简单，做 1 个账号也是做，做 10 个账号也是做，同时做可以带来更多的收获。例如，樊登读书批量运营"@樊登读书""@樊登读书会精选""@樊登听书""@樊登"等多个账号，截至 2024 年 5 月，抖音累计总粉丝数量达数千万个。这就是矩阵的魔力。

打造短视频矩阵需要团队的支持，至少要配置 2 个主播、1 个摄像人员、1 个剪辑人员、1 个运营人员，从而保证多个账号的顺利运营。

二、建立短视频矩阵的优点

做矩阵营销可以获得更多的流量入口，不同平台或账号之间可以进行资源互换，提升总体的粉丝数。不难发现，一些做得大的账号，在其他平台上也有账号，无论是做活动还是引流吸粉，都可以达到很好的效果。采用矩阵账号进行短视频营销具有以下显著优点。

（一）扩大覆盖范围与触达人群

矩阵账号在多个平台或同一平台的不同子账号间构建起内容发布网络，能够触及不同平台的用户群体，适应不同用户的内容消费习惯。这样不仅能够降低依赖单一平台的风险，还能利用各平台的用户基数和特性，扩大品牌或个人的影响力，触达更广泛的潜在客户。

（二）内容分发与协同效应

矩阵中的各个账号可以根据各自的定位和受众特性发布差异化内容，实现对同一主题的多角度诠释，满足不同用户的需求。同时，各个账号之间可以进行互动推广，如互相转发、提及、合拍等，形成内部流量循环，增强内容的传播力和用户黏性。

（三）风险分散与容错能力

单一账号可能因平台政策调整、内容策略失误、用户兴趣迁移等因素导致流量波动或产生损失。矩阵账号由于账号众多、分布广泛，某个账号出现问题或表现不佳时，其他账号仍能维持稳定的流量与用户互动，整体上增强了营销活动的稳定性。

（四）精准定位与细分市场

矩阵账号可以针对不同细分市场或用户群体设立专门的账号，发布针对性强的内容，实现精准营销。这样既能有效吸引特定用户群体的关注，提高转化率，又能避免采用"一刀切"式的营销策略导致的用户反感或信息无效传达。

三、建立短视频矩阵

多平台运营，不是说什么平台都去做，而是需要调研和分析。进行平台运营前需要分析平台的目标用户是否与自己产品的目标用户重合，如果重合度太低，吸粉效果不理想，营销效果也不会好。

要确定是否在不同平台发布相同的内容，是否要针对内容做相应的改变。需要注意的是，不同平台，用户浏览高峰期并不一样，视频时长要求也不一样，需要进行数据分析，寻找合适的发布时间及合适的发布平台，不合适的就要放弃。

可以单平台多账号运营，即在单一平台运营多个账号。例如，抖音中经常使用到此方式，同一个人会出现在多个账号的抖音视频里。需要注意的是，单平台运营的话，不同账号之间，发布的内容不能完全一样，否则不会被平台推荐。另外，针对同一目标用户群体，可以根据其需求发布不同类型的短视频来吸引用户。比如目标用户是年轻的女性白领，既可以针对其做与美食相关的视频，又可以用其他账号做与美妆相关的视频，账号之间互推。这样一方面能获取更多的目标用户，另一方面能将现有用户引到其他类型的账号，实现资源互换。

建立短视频矩阵有一个前提条件，那就是要先成功做出一个账号，即找到一种稳定曝光的套路，再去建立短视频矩阵。只有这样才能把内容的商业价值最大化。如果还没成功做出一个账号，就贸然去建立短视频矩阵，结果肯定不尽如人意。

短视频矩阵类型有品牌型、服务型、团队型、家庭型、个人型等。下面以如何打造个人型矩阵为例进行介绍。

（一）垂直细分定位

每个账号都要垂直细分定位，并且都要有相应的目标人群。比如"柚子 cici 酱"，这是一个剧情类美妆账号，运营者用此账号发布手撕绿茶、为闺蜜出气等一系列剧情；除此账号外，还运营了"柚子买了吗""柚子吃了吗"等多个账号，"柚子买了吗"账号专注于种草，"柚子吃了吗"账号专注于分享美食。

为每个账号定好位之后就可以针对定位垂直输出内容了，这样做吸引的粉丝较精准，便于变现。

（二）平台运营起名

除了抖音、快手，还可以选择其他短视频平台分发内容。需要注意的是，注册账号时，名字、头像风格要一致，要有自己的特色，以便粉丝识别。

（三）导流

主要的导流方法有 3 种。第一种是大号带小号，在视频的标题中或评论区和小号互动，直接@小号，这是一种较常见的方法；第二种是只关注想导流的账号，增加曝光度；第三种是在个人简介中标注大号，因为很多用户会进入主页浏览，如果其看到大号，就有可能关注，起到导流的作用。

实践中，既可以选择这 3 种方法中的一种，也可以将其组合。只有多做尝试才能找到合适的方法。

（四）注意事项

（1）视频内容遵守平台规则。

（2）视频内容不要跨界，小而美是主流形式。

（3）视频内容根据账号定位去做，要有一定的差异，不能做雷同的。

（4）同一个网络下，切换的账号不能超过 5 个，否则可能需要重新插拔网线，切换 IP 地址。

（5）用多个账号发布视频时，尽量不在同一时间发布。

（一级）任务七　视频账号的孵化方法

一、账号定位

在短视频平台上的定位，抛去复杂的理论，简单来说包括以下几点：你是谁，你要给用户看什么内容，你的和别人的有什么不同，用户为什么要看你的，你这样做是否有自己的优势。

对新手来说，做好账号定位需遵循以下 3 个步骤。首先分析行业数据，通过一些热门作品分析用户喜欢的内容；其次分析自身能力，既要从平台、用户角度出发，又要从自己的角度出发，看自己的兴趣点、擅长点在哪个领域；最后分析竞品特色，即同类型短视频账号的标题方向、脚本结构、拍摄手法、视频剪辑包装、视频标题、留言区互动情况等。

短视频矩阵的账号定位非常重要，每个账号的定位不能过高或过低，更不能错位，既要保证主账号的发展，也要让子账号得到很好的成长。

二、人设打造

人设是什么？就是出镜人的人物设定。进行人设打造需要注意以下两点：一是需要提炼出短视频创作者本身的闪光点，然后去放大；二是一旦明确了账号的人设就要在内容中反复强调，从而形成鲜明的人设特征。

三、内容风格

内容一定要有属于自己的风格。前期可以从模仿开始，寻找做内容的感觉，后期慢慢找到自己的风格雏形。风格最好和别人不一样，这样有助于成为特色。

四、记忆点

记忆点可以是一副眼镜、一顶帽子、一个动作、一个口号，最好能触及用户的感官，并且不断在作品中体现。通过不断地强化记忆，可以使用户在看到其他相似物品或听到某句话时第一时间被想到。

习题

一、选择题

1. 短视频的策划方法包括（　　）。

A. 用户定位　　　　　　　　　　B. 内容定位

C. 团队搭建　　　　　　　　　　D. 以上 3 点均包括

2. 做短视频矩阵的好处不包括（　　）。

A. 降本增益　　　　　　　　　　B. 降低风险

C. 容易打造爆款视频　　　　　　D. 特立独行

二、简答题

1. 请阐述提炼产品关键词的技巧。

2. 什么是短视频矩阵？

| 项目六 |

视频推广

📖 【项目导读】

　　视频创作完成后要进行上传和发布。根据不同发布渠道的要求和用户的使用特点,视频发布也是有技巧的,并不是一键上传即可。要想视频被更多人看到,推广引流手段必不可少。推广引流是一门学问,需要针对使用哪些推广渠道、如何使用推广工具等进行分析。

📑 【项目目标】

1. 能按照平台要求上传视频
2. 能按照平台要求发布视频
3. 能设立视频热词
4. 能通过社交工具等推广视频
5. 能搜集并整理互联网推广渠道
6. 能用推广工具增加视频观看量、互动量等
7. 能确定投放对象

🔍 **（五级）任务一　视频上传及发布方法**

　　短视频的上传和发布渠道众多,操作也比较简单。例如用手机拍摄视频,上传和发布时更加便捷。

一、选择发布渠道

　　编辑好短视频后,如果想让更多的人看到自己的作品,就需要分享到各个平台。大众熟知的社交分享平台有微信、新浪微博、QQ 空间等,短视频平台有抖音、快手、微视、美拍等。除此之外,也可以分享到各个在线视频平台。

　　以抖音为例,点击主界面下方的"+"按钮,如图 6-1 所示。选择手机里的视频并按照页面上的提示对视频进行编辑,编辑完成后点击"下一步"按钮,为视频添加配套的文字说明,如图 6-2 所示。

图 6-1

图 6-2

也可巧妙利用#话题和@朋友功能增加曝光量，然后点击"发布"按钮，如图 6-3 和图 6-4 所示。

图 6-3

图 6-4

二、确定发布时间

短视频的发布效果受很多因素的影响，发布时间是其中一个至关重要的因素，即使是同一个创作者发布的同一个短视频，在不同的时间段发布，获得的效果也可能有极大的不同。

（1）一般内容的短视频的发布时间通常为工作日的 9—23 点，因为在这个时间段，用户对短视频的搜索和播放较为频繁，创作者也会在线工作，更利于在发布短视频后进行互动、共享和传播。

（2）无论是工作日还是周末，短视频发布高峰期都出现在 11—12 点和 17—19 点，其中傍晚时段表现得更加活跃，这一时间正好稍微提前于用户活跃时段（晚高峰 20 点），这时发布的短视频更容易被用户看到。而且，与周末相比，在工作日 17—19 点发布的短视频数量更多。

（3）通常，借势热点短视频的最佳发布时间为节假日或特殊节日的 23 点—次日 7 点，因为在这个时间段发布的短视频容易和第二天头版头条的热点事件相呼应，更容易得到用户的关注，宣传效果更明显。

三、设置话题

话题是指平台中的热门内容主题，通常，短视频界面的内容介绍中以#开头的文字就是话题，如"#美食制作""#搞笑""#挑战赛"等。抖音短视频平台中，话题主要有以下两种。

（一）普通话题

普通话题涉及用户生活的各个方面，如生活、娱乐、工作、学习等，添加适当的话题有助于平台识别短视频内容的类型并对其进行精准推荐，因此可以根据短视频内容选择适当的、热门的话题，以提升短视频的曝光度。

（二）挑战赛话题

挑战赛话题是一种非常特别的话题。设置这种话题的主要目的是让用户积极参与。挑战活动的传播度较高，能有效聚集流量。

四、符合国家的法律法规，遵守平台的商业规则

网络不是法外之地，短视频是新媒体产品，也是互联网产品，创作者要重视国家的法律法规，遵循"要能量、更要正能量"原则，积极实现内容的健康传播。坚持正确的内容和价值取向一定会成为短视频产业的铁律。事实上，在监管力度日益增强的当下，很多网站已经开始对内容进行高标准把关。创作者一定要注重内容价值，遵守法律、法规和各个运营平台的规则，做好短视频传播内容的第一把关者。

每个短视频平台都有自己的规则。按照规则的基本差异，平台可分为内容型平台和商品型平台。内容型平台禁止在视频中直接售卖商品，也不允许商品的售卖信息直接出现在短视频中；而商品型平台支持在视频中进行商品销售，以淘宝卖家秀为代表。

用户在短视频平台上发布作品前，务必先了解平台的规则和制度。选择"抖音"App"设置"界面的"社区自律公约"选项，可以查看抖音网络社区自律公约，如图 6-5 和图 6-6 所示。

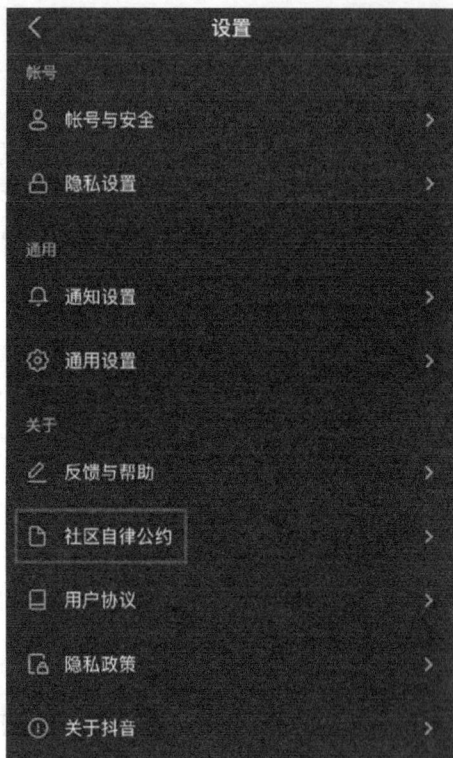

图 6-5

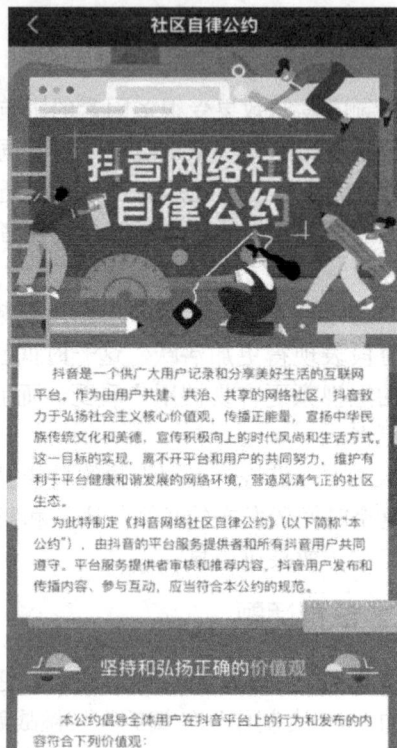

图 6-6

🔍（五级）任务二　视频热词设立技巧

当用户在短视频平台的搜索框中输入"美食"后，平台会将平台内所有标题中包含"美食"二字的视频内容都推荐给用户。在这种情况下，界定标题好坏的直接标准是目标用户的点击量。只有先吸引用户眼球，让用户观看短视频，才会有收藏、转发等一系列接下来的活动。那么，如何才能起一个可以带来高点击量的标题呢？要使得视频标题文案紧扣热词、视频话题与热词吻合、视频选用的背景音乐与热词关联度高、账号命名踩中热词，并在此基础上注意以下几点。

一、巧妙利用数字

数字本身有强大的力量。用户在各大平台上浏览时，停留在标题上的时间不会超过 2 秒。那么，什么样的标题能让用户在短时间内看到呢？这就需要短视频标题既简洁明了又直观，而数字正好有这样的特性。

数字的使用让用户的视觉很有冲击感，在某种程度上也是为了引导用户观看短视频。如图 6-7 所示，用户能一下子抓住视频内容的关键，上海的 $400m^2$ 独栋小楼只用 80 万元改造。除了将内容更直观地展现在用户眼前，使用数字能让标题更加精确简洁，会给用户带来一种肯定的感觉。用户看完短视频，就能清楚装修 $400m^2$ 独栋小楼用 80 万元是怎么做到的了。

图 6-7

因此，在标题中巧妙地利用数字，将标题中所有能用数字表达的文字都替换成阿拉伯数字，更能吸引用户的注意力。需要注意的是，阿拉伯数字 1、2、3 的直观程度要高于文字式的一、二、三。哪种形式更直白、更直观，是显而易见的。

二、激发用户的好奇心

在用户不知道短视频内容的情况下，标题容易激发用户的好奇心。当用户看到标题且心中产生疑问时，就会有一探究竟的欲望。这样一来也能够增加短视频的点击量。

三、添加关键词

关键词的设置将直接影响短视频的访问量和播放量，所以掌握一些关键词设置技巧对短视频推广而言非常重要。

（一）关键词的排列组合

设置关键词时可以将多个关键词放在一起进行排列组合，因为用不同的排列顺序能组成新的关键词，这个新的关键词会进一步精确搜索的范围，实现强强联合，起到"1+1>2"的效果。

（二）控制关键词数量

关键词数量过多容易偏离短视频的主题。通常一个短视频只有一个主题，所以标题中的关键词数量不能多于 3 个。在短视频中，关键词最多可出现两三次，切忌堆砌关键词。

（三）添加区域关键词

很多用户更容易关注本地的短视频，因此很多短视频平台都设置了"同城"的项目，这就是关键词设置的就近原则。所以，在设置关键词时加上区域名称，可让关键词更精准，竞争更小，短视频也就更容易被用户看到。

（四）确定目标关键词

既然是关键词，其目标就应该集中，很多短视频创作者为了追求更完美的效果或提升关注度，喜欢在短视频标题中同时针对主题、视频效果和文案内容设置 3 个关键词。但这样会导致短视频没有重点，从而让关键词的效果被稀释，最终的推广效果并不理想。所以，在进行短视频推广时，应确定好主要的推广目标是主题、视频效果还是文案内容，然后针对其一进行关键词选择。这样的关键词目标性更强，被搜索的概率也更大。

四、增加代入感

有代入感的标题能拉近和用户之间的距离，而让用户产生代入感的方法有很多，一个很简单的方法就是加入第二人称"你"。例如，"你应该知道的×××""×××对你有用"这样的标题就很有代入感，让用户觉得短视频是为自己量身定做的，从而更有兴趣打开观看。

（五级）任务三　推广功能的使用方法

每个短视频平台都有自己的推广渠道。以抖音为例，其推广渠道分为收费和免费两种主要类型，下面分别进行介绍。

一、收费推广渠道

抖音官方推出的 DOU+是一项帮助短视频获取更多流量的付费推广服务。根据抖音的官方定义，DOU+是一款短视频加热工具，购买并使用后可将短视频推荐给更多感兴趣的用户，并提升短视频的播放量与互动量。用户在"推荐"模式下观看短视频时，有很大概率会看到购买了 DOU+推广服务的短视频。利用 DOU+推广服务进行短视频推广的具体操作步骤如下。

（1）在抖音主界面点击"我"按钮，在打开的个人账号界面选择一个需要推广的短视频。点击右下角的"展开"按钮，在打开的分享界面点击"上热门"按钮，如图 6-8 所示。

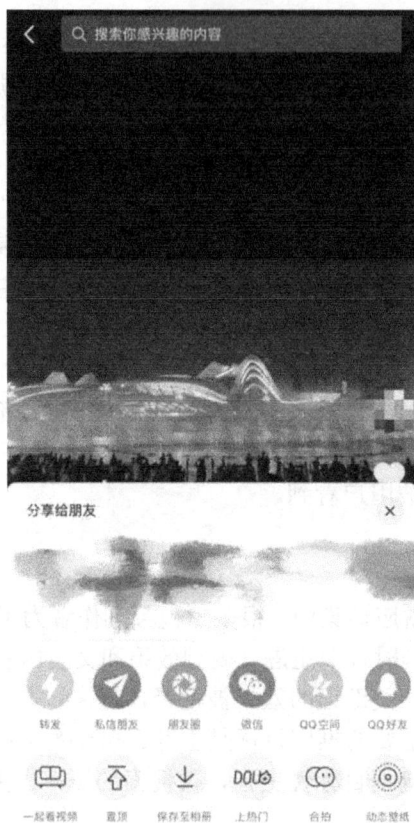

图 6-8

（2）在打开的"速推版"界面首先选择想推荐的人数，然后选择是想提升点赞评论量还是想提升粉丝量，再点击"支付"按钮，如图6-9所示，即可通过付费的形式，达到增加短视频播放量的目的。通常支付100元预计可以为一个短视频增加5000次左右的播放量。

只有通过抖音审核的短视频才能获得DOU+推广服务资格，该标准主要包括社区内容规范、版权法律风险、未成年人相关规范等。另外，如果选择平台投放，那么只能由系统自定义推荐给可能感兴趣的用户；如果选择自定义投放，那么可以自定义投放用户，如设置人数、用户年龄和性别、所在地域等。图6-10所示为自定义投放设置人数的界面。

图6-9

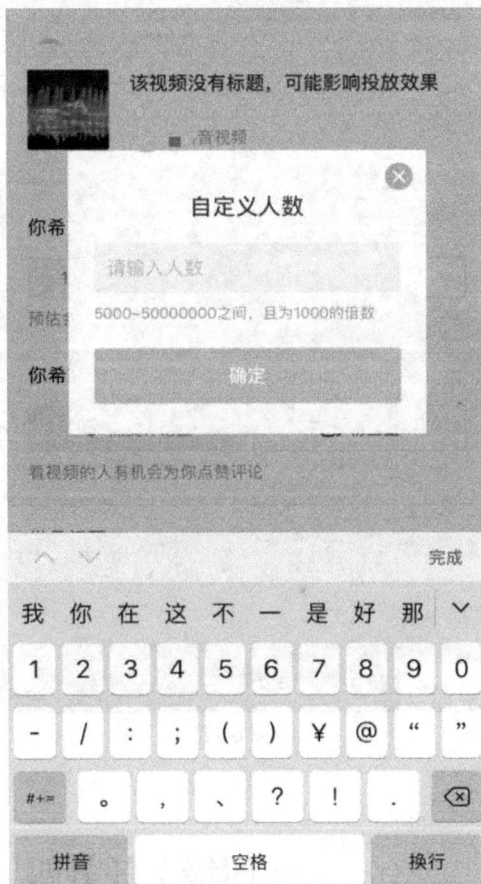

图6-10

二、免费推广渠道

免费推广渠道除了设置话题、转发引流等，比较常用的方式就是参加各种挑战赛，让短视频账号获得更多的曝光量，从而推广账号中的各种短视频。抖音官方的"抖音小助手"账号会定期推送平台中的热门挑战赛。这些热门挑战赛的关注用户数量通常有几千万人甚至几亿人。因此，关注"抖音小助手"账号，选择热门程度较高的挑战赛，参与挑战赛并录制和发布视频，就有可能获得较高的点击率，从而为自己的短视频账号赢得较高的流量，也间接推广了自己发布的其他短视频。参与抖音热门挑战赛的具体操作步骤如下。

（1）在抖音主界面点击"搜索"按钮。

（2）打开搜索界面，切换到"话题"选项卡，如图 6-11 所示，选择一项自己可以参加的挑战赛。

（3）打开该挑战赛的界面，点击底部的"立即参与"按钮。

（4）打开抖音的视频拍摄界面，录制视频并发布即可参与该挑战赛，如图 6-12 所示。

图 6-11

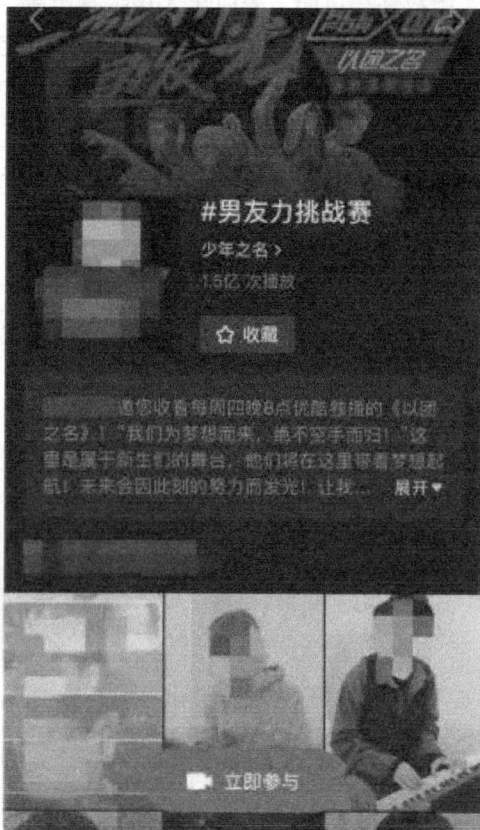

图 6-12

（四级）任务四　推广渠道的搜集方法

一、在线视频渠道

在这类渠道，视频播放量主要通过用户搜索和编辑推荐获得。比如，在搜狐视频、优酷视频、爱奇艺等平台发布短视频，需要运营人员掌握丰富的资源，只有这样才更容易获得推荐。此外，还要特别注重当下用户的需求和爱好，只有针对用户的需求来制作短视频，才可能获得更多推荐。

二、资讯客户端渠道

在这类渠道，视频播放量主要通过平台的推荐算法获得。像今日头条、天天快报、一点资讯、网易新闻客户端、UC 浏览器等，都用这种算法机制将视频打上多个标签并推荐给相应的用户群体。在短视频行业，这种推荐机制也被认为是未来的发展趋势。

三、社交平台渠道

目前国内的社交平台主要有微信、微博、QQ 等。社交平台是人们社交的工具，方便人们结识更多具有相同兴趣和爱好的人。社交平台的作用也不只是传播，它更是一个基地，是用户与粉丝、广告主、商务合作方沟通的桥梁。

四、短视频 App 渠道

一些短视频 App 渠道起始于直播平台，但从 2014 年开始，很多人意识到短视频比直播更有发展前景，于是越来越多的短视频平台开始出现在大众的视野：美图秀秀出品的美拍于 2014 年上线，仅用了 9 个月的时间，用户数量就突破 1 亿人；还有可以在移动端进行视频制作的小影、主打资讯类短视频的梨视频、今日头条拆分出来的西瓜视频等也都炙手可热；进入 2017 年，短视频行业持续火爆，抖音、快手等平台迅速崛起。各种各样的短视频平台层出不穷，这也为短视频运营人员提供了众多的选择。

五、垂直类渠道

众多短视频平台的涌现说明短视频不仅是一个趋势，还是一个风口。真正可以验证这个观点正确性的是垂直类渠道的出现，目前冲在前面的是电商平台，如淘宝、什么值得买等。利用短视频，电商平台可以帮助用户更全面地了解商品，从而促成交易。与此类似的还有教育+短视频、汽车+短视频、旅游+短视频等垂直类的短视频平台。

（四级）任务五　推广工具的使用方法

运营初期，大部分账号都没有粉丝基础，处于冷启动（无内容、无粉丝）阶段。按照短视频运营的基本思维逻辑，首先需要进行推广运营，增加短视频的曝光度，而开展短视频推广运营的前提是熟知主流短视频平台的推荐机制。

目前，主流短视频平台的推荐机制既有相似点，又存在不同。抖音（西瓜视频与抖音类似，因此放在一起介绍）、快手、小红书、微信视频号、哔哩哔哩的推荐机制如表 6-1 所示。其中，哔哩哔哩较为特殊，除了设有点赞、评论、收藏、转发等功能，还设有投币和弹幕功能，与这些功能相关的数据也是哔哩哔哩考量短视频质量的重要标准。

表 6-1　主流短视频平台的推荐机制

主流短视频平台	推荐机制	具体说明
抖音、西瓜视频	冷启动+叠加推荐	以内容导向为基准。在冷启动阶段，根据播放量、评论量、点赞量、完播率等判断内容质量；优质内容将会被再次推荐，进入更高级的流量池，层层递进

续表

主流短视频平台	推荐机制	具体说明
快手	社交+兴趣	优先基于用户社交与兴趣分发内容。将内容优先推荐给"关注你的人""有N位好友共同关注""你有可能认识的人""他在关注你"等用户,并根据播放量等各项数据再次分发内容
小红书	兴趣+板块	以兴趣为主、板块为辅。根据用户标签(兴趣、观看习惯等)分发内容;为用户提供发现、附近、地点等板块,以供用户选择观看相关内容
微信视频号	社交+兴趣	优先基于用户社交与兴趣分发内容。将用户微信好友产生点赞及互动行为的内容优先分发给用户,并根据热点话题、用户兴趣标签、地理位置等分发内容
哔哩哔哩	内容标签+用户标签	基于内容与用户双重标签推荐。明确内容标签、用户标签(观看习惯、历史浏览、关注和订阅、消费行为、身份信息),基于此进行推荐

各大主流短视频平台都根据自身的推荐方式对短视频进行流量分配,并在此基础上根据播放量、评论量、点赞量、完播率等评判短视频质量。

在进行推广运营前,视频创推员需要熟知不同平台的流量算法,有的放矢地进行短视频推广。

一、企业账号推广

(一)矩阵推广

矩阵推广是指同一企业或品牌在拥有多个短视频账号时,每个账号涉及的领域或宣传的产品均不同,或者在多个平台拥有账号时,形成横向的多方联动,通过运营工作的统筹策划,达到提高知名度、提升商业价值的效果。

现在,进行短视频账号矩阵推广已是大势所趋,许多企业利用矩阵推广实现了不错的宣传效果。企业在推出全新的短视频账号或进行日常宣传活动时,可以利用其他多个有粉丝基础的账号进行推广。需要注意的是,每个账号的定位和侧重点不同,在利用其他账号进行宣传推广时需要结合每个账号的特色。

同一企业的短视频账号可以互相推广,其方式主要有添加推广话题、@需要推广的账号、在标题文案中提及推广账号等。

例如,小米公司在抖音平台拥有6个"蓝V"账号,分别是"小米公司""小米手机""小米直播间""小米智能生活""小米有品""小米电视"。小米公司董事长雷军也在抖音平台注册了个人账号"雷军"。在抖音账号"小米直播间"的多个短视频中,均出现了"@雷军"字样,用户可以直接点击"@雷军"进入其首页。由此可见,企业账号矩阵能使企业账号互相推广引流。除此之外,小米公司及雷军均在其他短视频平台拥有账号,多方联动推广引流。

(二)参与官方活动

各大短视频平台会不定期地推出各类官方活动,帮助短视频账号"涨粉",可以抓住这类机会提升账号的知名度。以下列举了抖音、快手、小红书、西瓜视频、哔哩哔哩平台推出的较为热门的官方活动,企业账号可以根据自身的具体情况选择参与。

1. 抖音:抖音挑战赛

根据预算的不同,抖音挑战赛分为品牌挑战赛、超级挑战赛、区域挑战赛3种不同的类型，官方报价分别为 50 万元以上、240 万元以上、400 万元以上。3 种类型在互动技术玩法、配套资源、影响范围等方面有一定的差别，企业可以根据不同的需求和预算进行选择。抖音挑战赛自推出以来已经帮助多家企业实现了超预期的推广效果，是如今非常热门的短视频推广方式之一。

例如，2020 年 7 月 25 日，致力于咖啡、西点、西餐教育培训及产品研发的王森教育集团，在抖音平台发起了"你的才华是甜的"抖音挑战赛，采用"达人+奖金+流量"的任务激励方式，多角度提升用户的参与热情，并设置专门的任务视频审核管理机制，保证短视频内容符合品牌价值，最终有效完成了品牌传播和推广。此次抖音挑战赛上线 14 天后，相关短视频总播放量超 12 亿次，参与活动的短视频数超 19 万个。吸引数十位抖音达人相继发布与主题相关的短视频，引发了大范围的讨论与模仿，一时间，抖音话题内优质、有创意的短视频层出不穷。

2. 快手：快手挑战赛

快手挑战赛的本质与抖音挑战赛类似，但在流量分发上存在不同。基于快手的内容分发机制，用户更看重挑战赛的同款 UGC（用户生成内容）。根据"羊群效应"（从众心理）推测，当一个用户重复看到身边的朋友或关注的达人拍摄同款内容时，就会模仿。因此，快手挑战赛能够帮助品牌从单向传播转变为双向传播，以用户带动用户，激励用户参与共创。许多企业通过快手挑战赛获得了大量曝光量和转化量。

例如，2020 年 4 月，伊利发起了"臻浓海鸥牛奶胡 C 位站"魔法表情挑战赛。快手官方数据显示，为期两周的挑战赛激发了超过 55 万个 UGC，超过 500 万人参与互动，活动期间，品牌总曝光量超过 7.8 亿次。通过此次快手挑战赛，伊利在奶制品品牌类别里的第一提及率上升了 51.3%，品牌美誉度提高了 3.4%。

3. 小红书：品牌话题活动

企业可以参与小红书的品牌话题活动，发布与品牌相关的话题，吸引 KOL（头部网红）与其他用户的参与。

例如，2020 年 7 月，圣罗兰发起了"YSL 小金条口红"话题活动。截至 2020 年 10 月，该话题活动获得了超过 3700 万次浏览，1.6 万名用户参与，获得了不错的曝光量和宣传效果。

4. 西瓜视频："星×计划"

2020 年 6 月，西瓜视频与淘宝联盟达成了内容电商的合作升级意向，启动"星×计划"，欢迎内容运营能力强、"直播带货"能力强，且达人管理经验丰富的机构入驻，带领旗下达人在西瓜视频快速成长。"星×计划"充分整合西瓜视频和淘宝联盟的优势，为企业带来了更多的流量和变现机会。

5. 哔哩哔哩："B Brand 新品牌成长计划"

2020 年 8 月，哔哩哔哩正式发布"B Brand 新品牌成长计划"，并公开招募品牌商。该计划为商家提供包括营销定位分析、品牌数据沉淀、投放策略指导在内的三大核心服务，提供包括站内外品牌曝光、UP 主（上传者）招募、内容电商合作优先权在内的三大扶持资源。

满足以下条件之一的品牌即可加入"B Brand 新品牌成长计划"，以获得更多的内容电商资源：国内新生代品牌、集团孵化的新品牌、从海外引入的新品牌。

"B Brand 新品牌成长计划"是哔哩哔哩基于 UP 主营销体系推出的品牌成长项目，通过数据和营销扶持新品牌在哔哩哔哩快速成长。

二、个人账号推广

个人账号虽然在人力和资金方面有限，但也可以通过多种途径实现性价比较高的推广。目前，可以在抖音、快手、哔哩哔哩对短视频进行付费推广，花费少量资金为短视频购买流量。

1. 抖音：DOU+

前已述及，DOU+是抖音官方推出的付费营销工具，可以将短视频精准地推荐给目标人群，提高短视频的播放量。

在发布短视频之前，可以选择购买 DOU+推广服务，使短视频能够在系统的智能算法下，被推荐给对该类型的短视频感兴趣的用户。因此，DOU+是抖音平台提升短视频曝光度的利器。

2. 快手："帮他推广"

"帮他推广"是快手官方推出的付费营销工具，可以将短视频推荐到用户的展示页面。由于快手展示短视频的方式与抖音不同，展示页面会同时出现多条短视频供用户自由选择观看，所以短视频的推广量不是播放量，而是展示量。

若需要在完成短视频发布后进行作品推广，可在"设置"页面（见图6-13）点击"更多推广方式"选项，如图6-14所示。在打开的"帮他推广"页面选择投放金额，如图6-15所示。可以看出，40元可以购买2000~4000次展示量。

图 6-13

图 6-14

图 6-15

3. 哔哩哔哩："创作推广"

"创作推广"是哔哩哔哩官方推出的付费营销工具，可以根据短视频标签将内容推荐给用户。当短视频发布成功后，UP 主可以自主选择符合规范的自制稿件进行付费推广，精准触达潜在用户，高效提升内容的曝光效果和短视频的数据表现。

以上 3 种付费推广方式不但适用于个人账号，而且适用于企业账号。

（三级）任务六　投放对象的选择要求

对于很多未接触过视频营销的企业来说，短视频是一个陌生的领域。现在，网络上的短视频平台很多，各大短视频平台也争相商业化。在这种情况下，企业或自媒体应如何选择短视频的投放渠道呢？

根据功能形态，可以将短视频平台分为社交型、工具型、聚合内容型。

（1）社交型。社交型平台更注重社交属性，将社交与 PGC（专业生产内容）和 UGC 结合起来，使短视频符合社交网络的特性，如抖音、快手等。短视频平台上的创作者同时也是观看者。

（2）工具型。工具型平台上更多的是随手拍视频，可以帮助用户制作并分享视频，如美拍、Faceu、小影等。

（3）聚合内容型。聚合内容型平台内嵌各种类型的短视频，如梨视频、西瓜视频等。

除以上几类独立的短视频平台外，在传统的视频网站、社交 App 及新闻资讯平台上也能看到短视频的身影，如爱奇艺、腾讯、优酷、微博、今日头条、网易等。

短视频类应用排行榜中，活跃度比较高的平台如图 6-16 所示。

排名	应用名	周活跃渗透率	周打开次数
1	西瓜视频	15.6164%	94.2
2	抖音短视频	14.5972%	107.2
3	快手	12.9445%	314.4
4	火山小视频	12.0923%	138.1
5	波波视频	6.6947%	127
6	好看视频	2.9624%	23
7	快视频	2.6183%	86.7
8	微视	0.3570%	16.8
9	快视频（小米）	0.2914%	12.8
10	最右	0.2801%	244.3

图 6-16

不同的短视频平台有不同的特点，要根据营销目的、用户群体等加以选择。例如，美拍为用户提供了很多视频滤镜和表情，用户群体大部分为女性。因此，该短视频平台更适合进行美妆类、时尚类短视频营销。可以看到很多微店都在利用美拍销售护肤用品。

再如，抖音和快手都是当下比较火的短视频平台。这两个平台有很多相似之处，但在用户定位方面有一定的区别，抖音倾向于年轻化，快手则倾向于平民化。从内容上看，快手中的"人物"是关键，而抖音中的"内容"是关键。因此，如果短视频内容足够有创意且有趣，那么可选择抖音；如果短视频内容拥有"人物"资源，那么可选择快手。

总之，在选择短视频平台前，一定要认真考虑其是否与营销定位相吻合。

习题

一、选择题

1. 一般（　　）发布的视频，观看效果会大打折扣。

A. 凌晨 2 点　　　　　B. 11—12 点　　　　　C. 13—14 点　　　　　D. 17—19 点

2. 以下不属于社交型短视频平台的是（　　）。

A. 抖音　　　　　　　B. 快手　　　　　　　C. 美拍　　　　　　　D. 美篇

二、简答题

1. 视频热词有哪些设立技巧？

2. 有哪些类型的短视频平台？请举例说明。

| 项目七 |

流量监控

【项目导读】

　　应实时对视频发布前后的数据流量进行监控，实时掌控短视频运营效果。数据化运营是一种非常科学、有效的运营方法，正所谓"知彼知己，百战不殆"，通过专业的数据分析，不仅可以了解自身账号的运营状况，以及时调整和优化运营策略，还可以精准掌握短视频行业的发展状况，了解竞争对手的运营策略，为自身优化运营提供指导。

【项目目标】

1. 能筛选并确认流量资源
2. 能使用数据监控工具实时监控推广效果
3. 能制造及传播热点话题
4. 能分析投放效果数据
5. 能依据数据变化情况监控传播路径
6. 能制订视频推广计划

（三级）任务一　流量资源的筛选要求

　　随着互联网的普及和发展，短视频已经成为人们获取信息、进行娱乐和社交的重要途径。越来越多的企业和个人开始关注短视频营销，希望通过短视频平台吸引流量，实现品牌推广和产品销售。作为一个刚刚从事短视频营销账号起号的素人，如何快速筛选流量资源，提高自己的知名度和影响力呢？下面将介绍如何进行流量资源的筛选。

一、筛选流量资源的实用工具

（一）实用工具

1. 抖音指数

抖音指数是抖音平台的一个数据分析工具，可以反映抖音短视频的热度、传播效果，以及哪些关键词具有较高的搜索量和关注度等。

2. 快手指数

与抖音指数类似,快手指数是一个反映快手平台上某个关键词热度的数值。可以通过快手指数筛选出与自己的短视频内容相关的热门关键词,吸引流量。

3. 百度指数

百度指数是以百度海量网民行为数据为基础的数据分享工具,可以反映关键词搜索趋势、洞察网民兴趣和需求、监测舆情动向、定位受众特征等。

4. 微博热搜榜

微博热搜榜是一个实时更新的热门话题榜单,可以反映当前社会的热点和网友关注的焦点。

5. 微信指数

微信指数可以反映微信公众号文章阅读量等,反映哪些关键词对应的文章具有较高的阅读量。

(二)各种工具的主要应用场景

抖音指数和快手指数:主要用于短视频营销、推广等场景。

百度指数:主要用于搜索引擎优化、网络舆情监测等场景。

微博热搜榜:主要用于了解当前社会热点和网友关注的焦点。

微信指数:主要用于微信公众号运营、内容推广等场景。

二、筛选要求

(1)选择与自己的短视频内容相关的热门关键词:筛选流量资源时,要确保所选关键词与自己的短视频内容紧密相关,这样才能吸引到真正感兴趣的用户。

(2)注意关键词的竞争程度:在选择关键词时,要考虑其竞争程度,避免选择过于热门的关键词,以免陷入激烈的竞争之中。

(3)定期更新关键词库:随着市场环境的变化和用户需求的变化,要及时更新关键词库,确保自己的流量资源始终保持竞争力。

三、操作案例

假设要为一家运动鞋品牌进行短视频营销,以下是具体的操作步骤。

(1)确定目标受众:需要明确目标受众是谁,如年轻人、运动爱好者等,以便更准确地筛选流量资源。

(2)分析竞争对手:通过查看同行业竞争对手的短视频内容和关键词,了解他们的优势和不足,为自己筛选流量资源提供参考。

(3)利用工具筛选关键词:根据短视频内容和目标受众,利用上述工具(如抖音指数、快手指数等)筛选出与运动鞋品牌相关的热门关键词,如"运动鞋""跑步鞋"等。

(4)制作与关键词相关的短视频内容:根据筛选出的关键词,制作一系列与运动鞋品牌相关的短视频内容,如介绍新款运动鞋的功能、展示跑步鞋的实际穿着效果等。

(5)优化短视频标题和标签:为了提高短视频的搜索排名和吸引流量,要为短视频设置一个包含关键词的吸引人的标题，并添加相关的标签，如"新款运动鞋上市！跑步鞋试穿体验"，并添加"运动鞋""跑步鞋"等标签。

（6）定期发布和推广短视频：将制作好的短视频按照一定的时间间隔发布到各大短视频平台，并通过社交媒体、朋友圈等渠道进行推广，吸引流量。

（7）监测数据并调整策略：定期查看各个短视频平台的数据反馈，了解哪些短视频受到了用户的欢迎，哪些短视频需要改进。根据数据反馈调整策略，以提高流量资源的转化率。

（三级）任务二　数据监控工具的使用方法

目前有很多与短视频相关的数据分析工具。充分利用这些数据分析工具，对提高短视频运营效率和优化运营策略是非常重要的。下面分享两款数据监控工具。

一、飞瓜数据

飞瓜数据涵盖抖音、快手、哔哩哔哩、小红书、微视等短视频平台数据，为用户提供热门视频、音乐、爆款商品、优质短视频账号等的数据分析服务，满足用户对账号内容定位、粉丝增长、粉丝画像、流量转化等的现实需求。

飞瓜数据抖音版具备数据监测功能，提供账号管理、视频监控、直播监控、视频带货力诊断等服务，帮助用户实时追踪短视频传播指数的变化，更好地把控短视频运营时机，提升多账号运营效率。

通过飞瓜数据的视频监控功能，不仅可以对播放量进行监控，还可以对粉丝数及关联商品进行实时监控，如图 7-1 和图 7-2 所示。

以"短视频带货"为例，视频关联的购物车有时候会出现"掉车"的情况，这时候如果商家还继续投放 DOU+推广服务，则有可能造成浪费，因此需要实时监控关联商品。如果有关联商品消失的情况，飞瓜数据就可以第一时间通过公众号进行强提醒，以保证相关人员及时发现异常数据。

此外，可以进一步了解视频的具体监控数据，如视频点赞数、评论数和转发数，查看不同时间差值的增量趋势图等。数据异常时，可以汇总记录，便于后续有同类情况时进行对比分析，如图 7-3 所示。

也可以同步查看关联商品的抖音浏览量和销量的分钟级趋势图，帮助用户更好地判断推广效果，如图 7-4 所示。

视频监控

可对抖音视频进行监控，提供分钟级的视频点赞数、评论数、转发数监测，掌握抖音号视频热度走向。

即时监控
已发布，输入推文链接地址开始监控

预约监控
发布时间已确定尚未发送，设置时间预约监控

预约监控抖音号

| 草帽张 | 查询 |

✓ 已授权
抖音号：
简介：

预约发布视频时间段（若在预约发布视频时间段内无发文，本次监控也视为完成，但是无监控报告）

| 2020-01-16 ∨ | 授权抖音号，即可实时监控账号视频播放量，点击授权 01-19 ∨ | 09:25 ∨ | 共计67个小时内的1次视频 |

点赞数提醒：⬤ 播放量提醒：ⓘ ⬤

| 500000 | 开启后点赞数达到该值时，将通过飞瓜数据公众号给您发送通知。 |

| 100000 | 开启后播放量达到该值时，将通过飞瓜数据公众号给您发送通知。 |

监控时长

○ 24小时　○ 48小时　⦿ 72小时　○ 7天

更多数据 授权抖音号，即可实时监控账号视频播放量，点击授权 粉丝数，关联商品浏览量和销售量，将消耗更多的监控次数）

☑ 播放量监控 ⓘ　☑ 粉丝数监控　☑ 关联商品监控　关联商品消失提醒：⬤

开始监控

本次监控共需消耗75次视频监控次数，本月剩余2977次视频监控次数

图 7-1

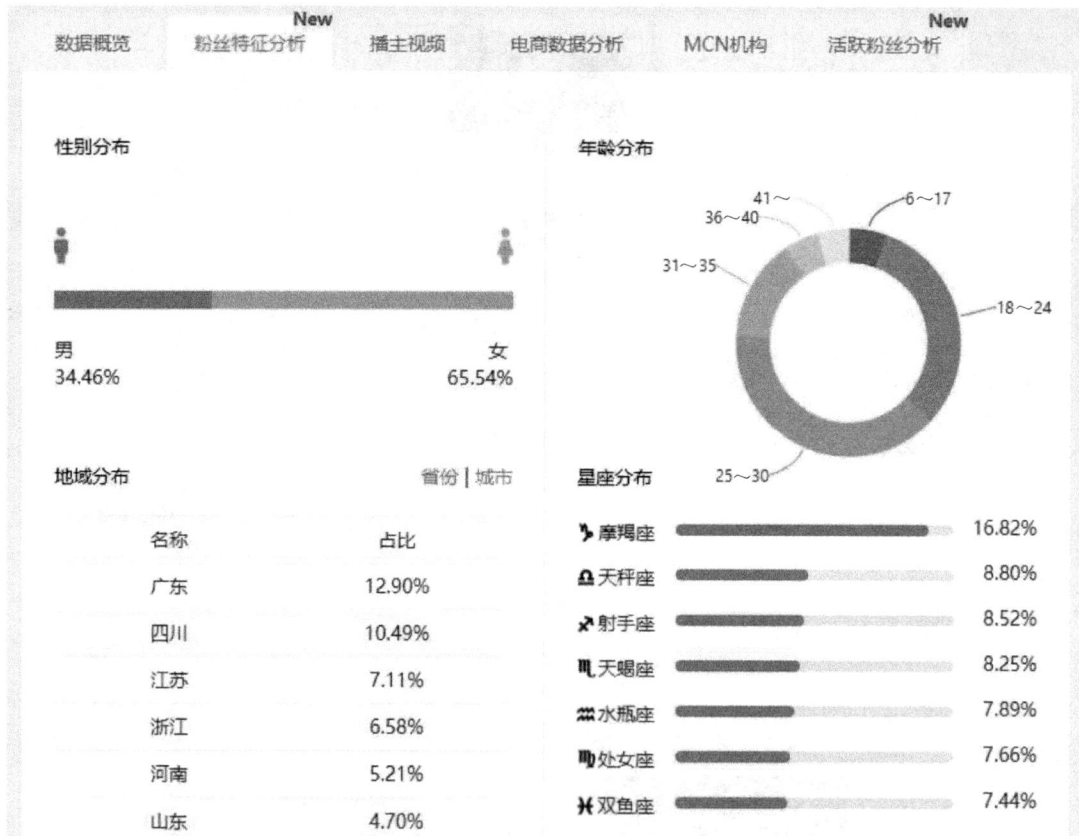

图 7-2

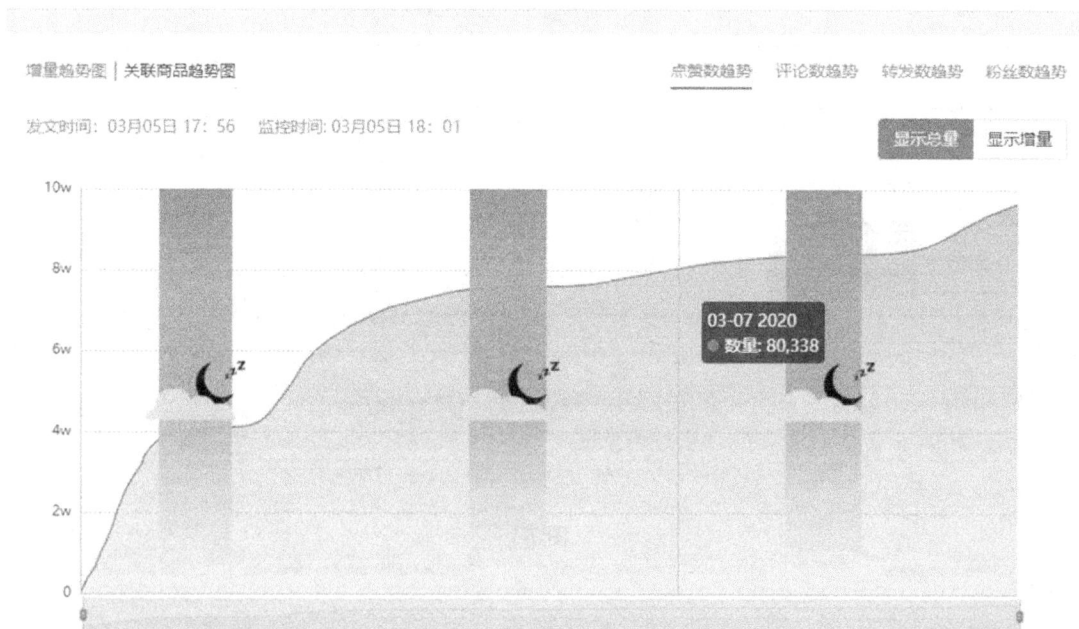

图 7-3

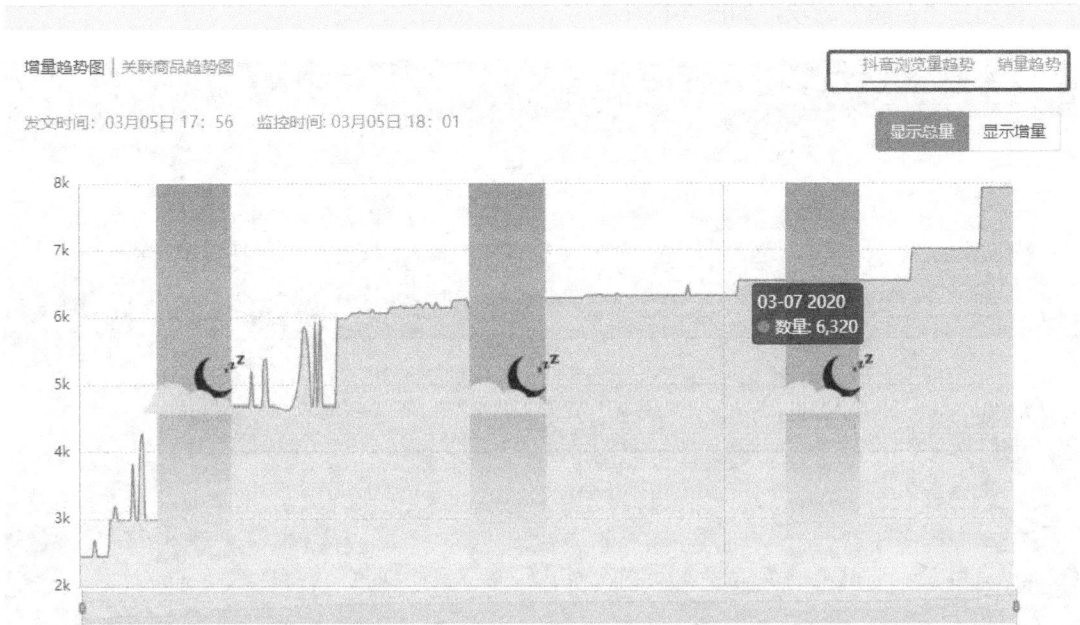

图 7-4

飞瓜数据还提供了数据导出功能，用户可以实现各个指标数据的汇总收集。

二、新抖

在浏览器中搜索"新抖"，在搜索列表中找到并打开其官方页面。选择左下角的"监测工具"选项，如图 7-5 所示。

图 7-5

再选择"监测"选项，如图 7-6 所示。

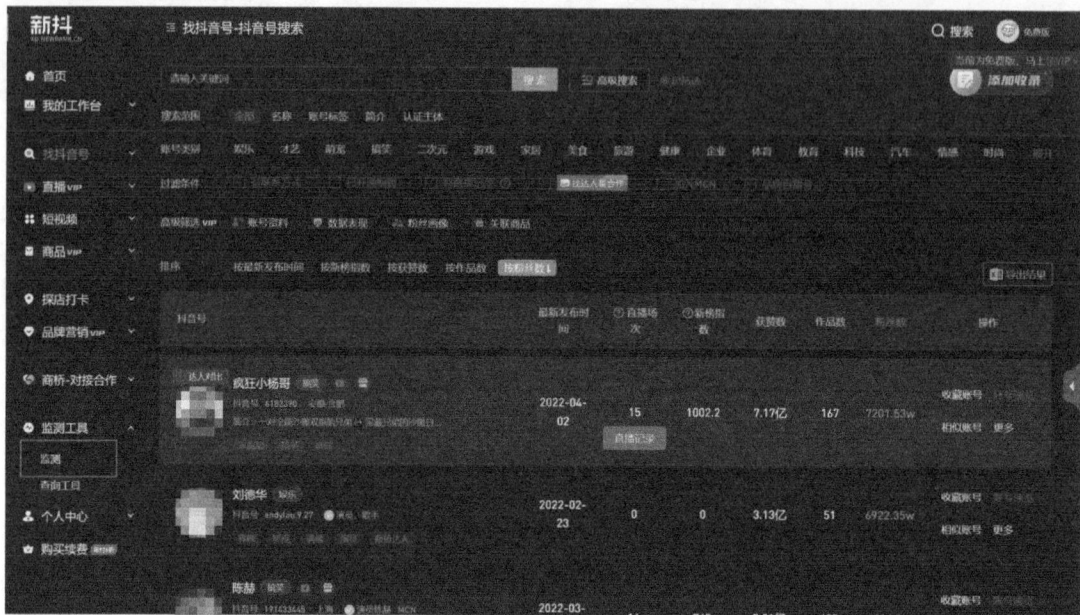

图 7-6

如果要对视频账号进行直播监测，那么需要在直播监测模块添加要监测的抖音账号，如图 7-7 所示。

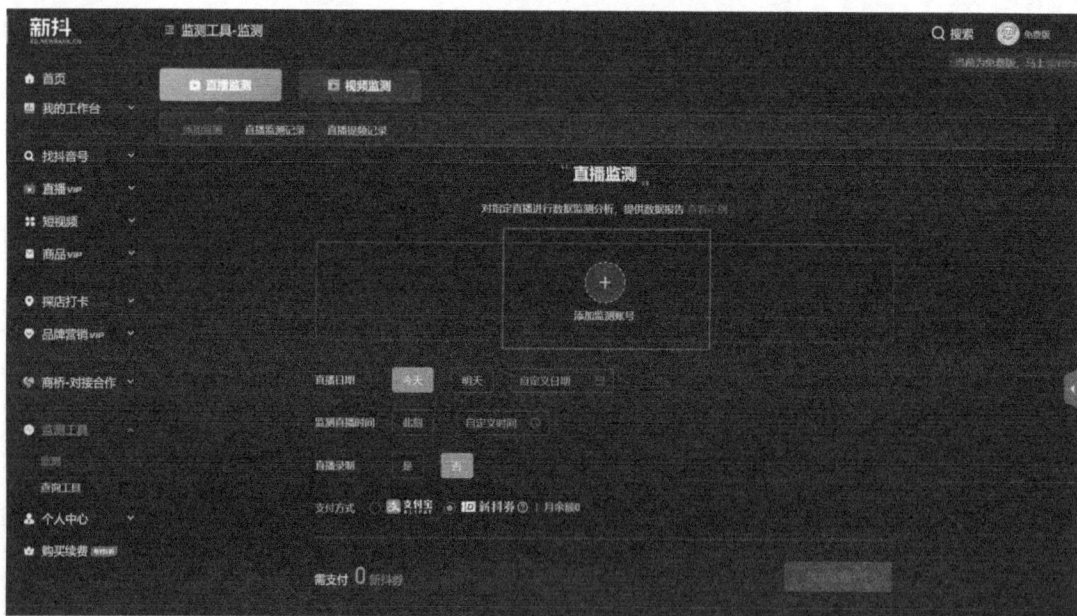

图 7-7

如果要对视频进行监测，那么需要在视频监测模块添加要监测的抖音账号，如图 7-8 所示。

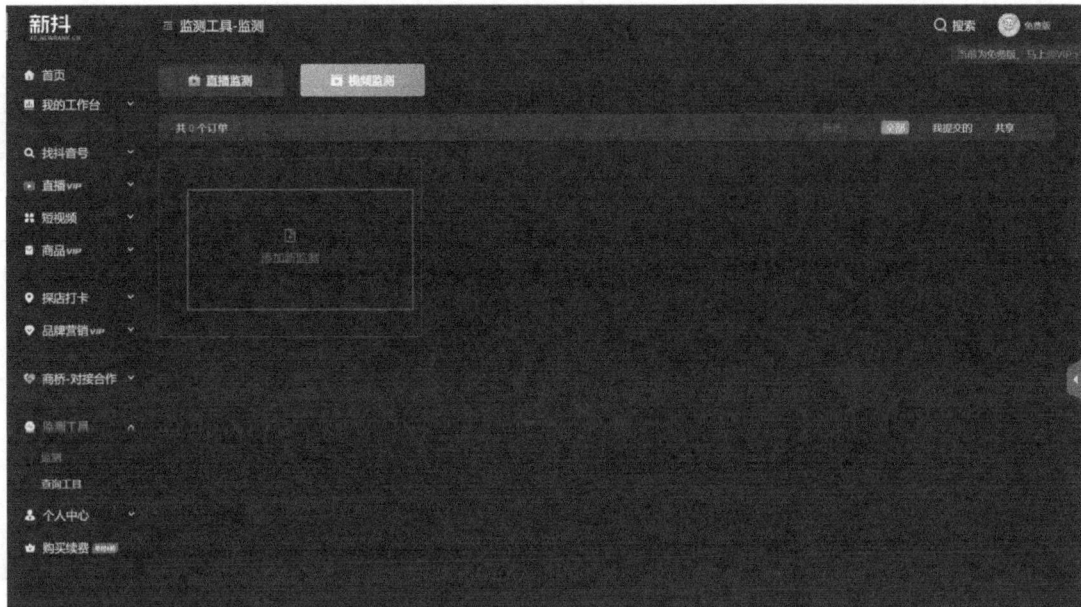

图 7-8

（二级）任务三 话题制造技巧

热点通常自带话题和流量，当将短视频与热点结合时，其传播效果可能得到大幅度提升。所以，借助热点是短视频创作者不可缺少的技能之一。下面介绍如何借助热点进行短视频脚本设计。

一、借助热点的技巧

（一）了解热点的类型

短视频领域的热点通常分为两大类：一类是节假日热点，属于广大用户会关注、短视频创作者可以提前预判并进行规划的热点；另一类是与当前社会密切相关的突发事件和活动等，这类热点对短视频创作者的反应能力和创新能力要求较高。

（二）预判热点

短视频创作者越早把握热点并设计脚本，其制作的短视频就越有可能获得更多的用户流量。这就需要短视频创作者利用好各种汇集热点的工具（如抖音排行榜、微博热榜等），预判哪些内容有潜力成为热点，以此来规划脚本，抢先一步确定自己的创作方向和脚本思路。如果该内容真的成为热点，自己创作的关联短视频内容便会获得极多的新增流量。

（三）借助热门音乐

音乐是短视频制作中不可或缺的元素之一，如果在自己的短视频中加入了合适的热门音乐，则对该短视频成为热门有极大的帮助。如果在很多短视频中都能听到某首歌，那么说明这首歌的人气非常高，此时就可以在自己的短视频中加入这首歌作为背景音乐，以提高短视频内容的关注度。

（四）反其道而行之

当借助某个热点的短视频达到一定的量级后，用户通常会出现"视觉疲劳"。这时如果根据热点反向做不一样的内容，就会像一股清流一样吸引用户。例如，在大型热门促销活动期间，很多短视频创作者都会撰写如何购买高性价比商品的脚本内容，此时若反其道而行之，分析该活动并不值得参与，就会吸引用户的关注，获得更多的流量。

二、借助热点的注意事项

在借助热点设计短视频脚本时，要辩证对待，注意以下 3 点。

（一）不能盲目追求热点

短视频创作者应该追求符合自己短视频账号调性和风格的热点，而不是盲目跟风。账号一旦有了明确的用户和内容定位，借助热点时就要着重考虑热点与账号的契合度。

（二）在恰当的时间借助热点

热点是有时间限制的，借助热点的最佳时间段就是该热点的热度上升时期，如果热度已经开始下跌了，建议不要再选择。

（三）一定要符合实际

在借助热点设计脚本时，一定要注意内容规范，切忌生硬地使内容与热点相关联，如热点是与食品相关的，但脚本的内容却是推广美妆类商品。一旦用户发现这样的情况，就会认为该账号没有诚意，进而对该账号在短视频平台的推荐权重产生不利的影响。

三、挖掘用户痛点

在短视频领域，用户的痛点就是需要及时解决的问题，也就是通常所说的用户的刚性需求。这类需求有强烈的迫切感，如果能解决，用户会感到很满足。在撰写短视频脚本前，要找到这个痛点，进而"对症下药"，让用户一看到短视频就产生强烈的关注欲望，为短视频点赞、转发，甚至继续观看该账号的其他短视频。

挖掘用户痛点有以下 3 个技巧。

（一）由大化小，单独击破

在短视频内容中，如果想用一个大的概念去直击用户心底的痛点，一击即中是非常困难的。撰写脚本时可以将这个概念由大化小，即把一个大的概念拆分成小的个体，然后将不同的、更细化的内容展示给用户。越具体、越有细节，就越容易抓住用户痛点，打动人心。

（二）抓小放大，将"小确丧"变成"小确幸"

"小确丧"是指小而确切的沮丧，要想抓住用户的痛点，就要先抓取用户心中潜藏的某类负面情绪。但这类负面情绪又不能过于沉重，以防引发用户对现实的强烈不满，甚至传递负能量。正确的策略是找准小的痛点，帮助用户把"小确丧"变成"小确幸"，传递积极向上的信息。

（三）分析用户评论，找到高强度痛点

强度是指用户解决痛点的急切程度，高强度痛点是用户迫切需要寻找解决途径，甚至通过消费也要解决的痛点。可以通过用户反馈，或在短视频评论区仔细分析用户评论，找到用户急需解决的需求痛点。

四、引起用户共鸣

在设计短视频脚本的过程中，还有一种方式能够引起用户注意，激起用户观看该账号更多短视频的欲望，这种方式就是引起用户共鸣。要引起用户共鸣，短视频内容就必须能打动用户，这就要求在撰写脚本时借助内容触发用户的情感，让用户进入感性思维模式。因为情感反应更能激起用户对短视频内容的关注和兴趣，从而促成关注甚至实现收益变现。在撰写短视频脚本时，脚本中的内容要满足用户的需求，通过情感化内容带动用户情绪，引起用户的共鸣。能够引起用户共鸣之处通常有以下 3 个。

（一）惊讶

这里的惊讶是一种表现形式，是指短视频内容让用户产生"啊！你怎么知道？"的感受。例如，某短视频中的台词"不是害怕离开，而是害怕再也回不来"道出了两个相爱的人分别时的内心独白，引起了很多具有相同经历的用户的共鸣，进而为其点赞和转发。

（二）赞同

用户赞同短视频中的观点，产生"对！我也是这样想的！"的感受。

（三）刮目相看

用户认可短视频内容，短视频内容改变了用户对账号原有的印象，让其产生"我也有这种感觉，居然是你懂我！"的感受。

五、使用原创内容

虽然撰写原创内容比较耗费时间，但其价值是其他内容所无法比拟的。总地来说，使用原创方式设计短视频脚本有以下 3 个好处。

（一）容易被平台推荐给用户

原创的短视频通常会在第一时间被创作者发布到自己的账号，而短视频平台通常会通过创作者、发布时间、链接指向、用户评论、历史原创情况、转发轨迹等因素来识别、判断其原创性，并在第一时间收录和向对应的用户群体推荐，这样就能保证原创短视频获得更多用户的观看和关注。

（二）有助于引发品牌效应

优质的短视频账号的形成及优良的品牌效应离不开大量且持续更新的原创内容的支持。高质量的原创内容可以帮助短视频账号获得足够多的用户关注，进而产生收益。

（三）有助于获取高权重流量

权重是指某个因素或指标对某个事物的重要程度。简单地说，权重越大，获得的流量就越多。原创内容通常很受用户欢迎，还会被很多其他用户模仿，进而衍生出更多相关的短视频内容，这些衍生的短视频内容可能将一部分高权重流量引回至原创内容，扩大该原创内容的影响力。

六、其他脚本设计技巧

（一）客体内容创新

客体是短视频内容主体的衍生物，如背景音乐、旁白、解说等。与短视频内容主体相比，客体的创意表达更容易获得用户的关注。例如，在美食类短视频中采用《舌尖上的中国》式语音旁白就会更吸引用户。

（二）"包袱"+反转

情节反转是短视频用户非常喜欢的一种内容元素，若再在其中增加一些"包袱"就更能铺垫出笑料。

（三）现身说法

现身说法的好处是能够让用户有一种与短视频中的主角或涉及的对象进行身份或视角对换的体会，产生真实的感受。例如，在一些汽车类短视频中，二手车商人作为主角向用户介绍如何判别二手车的优劣，从而获得大量用户的信任。该方法通常适用于以下几种情况：普通用户不了解的、专业性较强的职业或领域；用户感兴趣的领域或事物；同时涉及多个人物的身份或职业的故事；短视频创作者对其有一定的了解并具备一定的专业知识的领域。

（四）转换视角

所谓转换视角，就是与主流观点的视角形成差异，从其他角度看问题。例如，看到某位短视频达人对某个话题发表了自己的观点和态度后，就可以从与其相反的视角进行评价。但也要言之有理，否则会适得其反。

（五）增加内容

网络中有很多优秀的短视频，它们本身就吸引了足够多的流量，如果在这些短视频内容的基础上适当增加内容，通过创意来改动或延续剧情，那么既能吸引原视频的用户，又能产生新的流量。常用的增加内容的方式包括反套路、剧情延续（后续情节）、恶搞角色或剧情、态度回应、构思另一种结局等。

（六）精心策划文案

文案有时候比视频内容更能表现创意。一个很普通的短视频内容，即便只有简单的几张图片，但如果加上一段精心策划的文案故事，也很有可能直击用户的内心。

（七）套路

短视频脚本的常见套路有 3 种：一是人物、位置和事件反差套路，即需要根据这 3 个因素设计反差脚本；二是剧情反差套路，即在脚本中直接设计剧情上的反差；三是共鸣套路，即利用各种因素烘托内容的气氛，引起用户的共鸣。

（二级）任务四　投放效果数据分析方法

任何品牌做任何营销活动所进行的投资都是要获取回报的，否则一切方案的制定、策略的执行都是徒劳的。在短视频被投放一段时间之后，品牌商同样需要对投放效果进行评估，通过各种数据找到不足的地方，进行优化和完善，进一步提升营销回报率。

短视频运营效果直接体现营销活动的开展是否成功，影响品牌商的利润和回报。一般需要从 5 个维度进行分析。

（一）播放数据分析

在以往的电视时代，视频节目是否受欢迎，是通过收视率的高低来体现的。收视率是在视频领域出现的一个常见的数据指标，体现在某一时间段观看该电视节目的目标用户数在总观看人数中所占的比重，以百分比的方式表示。但这种统计方法只是抽样统计，并不能代表全部数据统计结果。

在当前的互联网、移动互联网时代，随着短视频的出现，同样需要相关数据来衡量短视频的投放效果。从播放维度来讲，可以通过以下几个方面的数据进行评估。

1. 点击数据

点击数据是用户点击观看短视频整体数量的直观体现。

2. 停留时长数据

停留时长数据反映的是用户观看某条短视频的时间长短。通常，用户观看一条短视频的时间越长，这条短视频的完播率越高。

3. 完播数据

完播数据是衡量短视频是否受欢迎的直观体现。完播率越高,证明短视频内容越受欢迎、越有吸引力。

4. 收藏数据

用户往往会将自己感兴趣或觉得有用的短视频收藏起来,留着以后有需要时再看。所以,收藏数据往往是评判一条短视频做得好坏的重要指标。

5. 点赞数据

对于好的短视频，若用户觉得内容非常"赞"，但又懒得分享转发，则会点赞。从一定意义上，点赞数据可以判断这条短视频是否得到了用户的赞赏和认同。

小贴士

在进行数据分析时，会存在几条短视频的播放量、点赞量、评论量、转发量、收藏量相差几倍甚至十几倍的情况。在这种情况下，如果对数据量相差悬殊的短视频进行比较，那么得出的结果往往是不科学的。此时就需要使用关联指标进行判断，使播放量、点赞量、评论量、转发量、收藏量相差悬殊的短视频具有可比性，因为数据量是变化的，比率基本是稳定的。关联指标是指由两个数据相互作用形成的指标，包括完播率、点赞率、评论率、转发率、收藏率 5 个比率性指标。

1. 完播率

完播率是指短视频的播放完成率，其计算公式如下：

$$完播率=完整播放次数÷播放量×100\%$$

换句话说，完播率就是判断在看到这条短视频的所有用户中，有多少个用户是完整地看完这条短视频的。假如有 100 个用户观看了某条短视频，其中有 30 个用户完整观看了这条短视频，那么这条短视频的播放量就是 100，完整播放次数就是 30，完播率就是 30%。

短视频的完播率越高，获得系统推荐的概率就越高。因此，对短视频创作新手来说，可以先创作 10 秒左右的短视频，保证短视频的完播率，从而提升推荐量。

2. 点赞率

点赞率的计算公式如下：

$$点赞率=点赞量÷播放量×100\%$$

在抖音平台上，点赞率是影响短视频所能获得的推荐量的重要指标之一。短视频的点赞率越高，所能获得的推荐量就越多，短视频的播放量就会越高。

3. 评论率

评论率的计算公式如下：

$$评论率=评论量÷播放量×100\%$$

评论率反映了用户在观看短视频后进行互动的意愿。短视频的评论率高，说明这条短视频让用户产生了强烈的互动意愿，并愿意参与到短视频的讨论中。

4. 转发率

转发率的计算公式如下：

$$转发率=转发量÷播放量×100\%$$

转发行为反映了用户在观看短视频后向外推荐、分享短视频的欲望。短视频的转发率越高，说明用户越愿意将短视频推荐给他的朋友，短视频的传播性就会越强。

5. 收藏率

收藏率的计算公式如下：

> 收藏率=收藏量÷播放量×100%
>
> 收藏行为反映了用户观看短视频后收藏短视频的意愿,也反映了用户对短视频内容的肯定程度。

分析播放维度的数据,可以获知用户对内容的感兴趣程度,进而帮助品牌商对短视频内容进行有效的调整,在保证内容合法、完整的情况下,更好地迎合用户的观看口味。

(二)互动数据分析

通常,人们只对自己感兴趣的内容进行关注和互动,并以此来表达自己内心的真实想法,以及交流的意愿。而互动数据直接体现了用户对短视频内容的认可程度,说明短视频内容真正打动了用户,给用户带来了帮助和切切实实的益处。

短视频的评论区是一个很好的互动渠道。短视频的互动数据包括以下两种。

1. 互动评论数据

互动评论数据包括正向支持评论数据、负向反对评论数据,以及用户在评论区的日评论数据。通过挖掘这些数据,品牌商可以洞察短视频内容策划的可行性,以及需要完善的地方,同时还能明晰用户互动的活跃度。

2. 互动效果数据

互动效果数据可以表明此次发布的短视频内容是否有带入感,能否激起用户互动的积极性和热情。短视频互动效果数据可以从评论区挖掘,在评论区,用户的评论是可见的、可评估的;也可以从短视频内容所打造的互动活动中挖掘,如互动活动的关注度、参与人数等。

(三)粉丝分析

粉丝的多寡直接影响到品牌营销的效果。粉丝尤其是核心粉丝对品牌 IP 的忠诚度很高。粉丝量可以代表品牌 IP 的整体影响力。从粉丝维度来讲,可以通过以下 3 个方面的数据进行评估。

1. 粉丝规模数据

无论开展何种形式的营销活动,获取粉丝和流量都是"重头戏"。粉丝规模越大,代表着短视频带来的影响力越大。在粉丝规模数据中,不仅要关注老用户数量、新用户数量,还要关注用户流失数量。这样得到的粉丝数量才是真实的。

2. 粉丝黏性数据

粉丝黏性反映的是粉丝对短视频的喜爱程度、对品牌的忠诚度。因此,站在粉丝维度进行分析的时候,一定不要忽略对粉丝黏性数据的分析。

3. 粉丝价值数据

粉丝只有进行二次推荐或变现,才能真正体现出其价值。所以,品牌商应当对粉丝价值数据进行充分分析,以便明确粉丝给品牌商带来的效益,并将其具体化。

(四)同 IP 下视频分析

同 IP 下视频分析是指对同一个 IP 下的短视频进行对比分析,包括单视频分析、横向对比分析和纵向对比分析。

1. 单视频分析

单视频分析是指对某条短视频的自有数据进行分析，了解该条短视频的表现，从而发现其是否存在问题。

2. 横向对比分析

横向对比分析是指短视频创作者要将自己同时在多个短视频平台上发布的所有短视频整合起来，并对其数据表现进行统计分析。短视频创作者创作的短视频在哪个短视频平台上的数据表现较好，就说明比较适合哪个短视频平台用户的观看需求，短视频创作者可以据此找到适合的短视频平台。

3. 纵向对比分析

纵向对比分析是指短视频创作者首先对自己账号中不同风格或不同题材的短视频进行分类归总，然后对各种风格、各种题材的短视频数据表现进行分析，从而调整和优化短视频风格定位、内容选题等。

（五）竞品分析

竞品分析是指分析竞争对手的短视频数据，并将其与自己的短视频数据进行对比。这样才能了解竞争对手的短视频在哪些方面存在优势，自己的短视频在哪些方面存在短板，才能有针对性地对自己的短视频进行调整和优化，从而提升自己的短视频的品质和竞争力。短视频创作者可以在短视频平台提供的热搜榜、热播榜中选择与自己的短视频风格、题材相同或相近的短视频，也可以借助飞瓜数据、卡思数据、新榜等数据分析工具搜集竞品和竞品的数据表现。

概括而言，品牌商在短视频运营过程中进行数据分析和运营效果评估是非常重要的环节，只有通过数据表象深挖其背后的现象，才有可能对短视频的内容进行更加完善的规划和调整，进而保证按正确的策略执行。

（一级）任务五　传播路径监控工具与方法

一、飞瓜数据

以飞瓜数据抖音版为例，其除了提供数据监控服务，还提供播主查找、电商分析、直播分析、品牌推广等服务。

（1）播主查找：提供播主搜索，以及播主排行榜、巨量星图热榜、MCN 机构资料查看等服务，帮助短视频创作者研究竞品和对标账号的运营效果。

（2）电商分析：提供商品搜索，以及热门带货视频、抖音商品排行、实时爆款商品榜、电商视频排行、商品热评视频、电商达人销量榜查看等服务，帮助短视频创作者精准定位到热门视频和商品，提高抖音带货盈利能力。

（3）直播分析：提供实时直播带货达人、直播带货排行、直播分享热榜、直播品牌排行、音浪收入榜、连播涨粉榜查看，以及直播号搜索、直播间搜索等服务，帮助短视频创作者快速发现热门直播间，还原播主历史直播热度和销售数据，提升直播表现能力。

（4）品牌推广：提供电商品牌排行查看，以及品牌搜索、品牌对比等服务，帮助短视频创作者了解各个品牌在抖音平台上的运营表现，发现具有带货潜力的品牌。

二、卡思数据

卡思数据是一个专业的视频数据分析平台，数据监测范围涵盖抖音、快手、哔哩哔哩、美拍、西瓜视频、抖音火山版等平台。卡思数据能够为用户提供全方位的数据查询、趋势分析、舆情分析、用户画像、视频监测、数据研究等服务，为内容创作团队在内容创作和用户运营方面提供数据支持，为广告主的广告投放提供数据参考，以及为内容投资提供全面、客观的价值评估。

卡思数据免费版可以为用户提供红人管理、创意洞察、商业变现指导等服务，如图 7-9 所示。不过，免费版可以查看的数据量有限，若需要更详细的数据，则需要付费。

图 7-9

三、新榜

新榜是一个自媒体内容服务平台，早期以为用户提供公众号数据分析服务为主，现在逐步加入抖音、快手等数据分析服务。

1. 新抖

新抖是新榜旗下的抖音短视频、直播数据分析平台，能够为用户提供创意素材下载、抖音号排行查找、种草带货、打卡探店、品牌声量查询、直播电商分析、运营数据下载、DOU+投放实时监测等全面的在线数据服务，帮助用户全方位地洞察抖音生态，发掘热门短视频、直播间、爆款商品及优质账号，有效提升账号的运营转化能力。其 App 界面如图 7-10 所示。

2. 新快

新快是新榜旗下的快手直播数据分析平台，能够为用户提供直播数据大屏查看、秒级销量变化分析、多维交叉选号/比号等服务，帮助短视频创作者实现快手账号运营能力及直播销量的提升。其 App 界面如图 7-11 所示。

图 7-10

图 7-11

四、蝉妈妈

蝉妈妈是一款专注于短视频和直播全网大数据开发的平台，提供各类短视频达人、视频、热门素材、爆款商品等数据的分析服务，帮助用户利用大数据来科学、高效地获得短视频流量并实现转化。其 App 界面如图 7-12 所示。

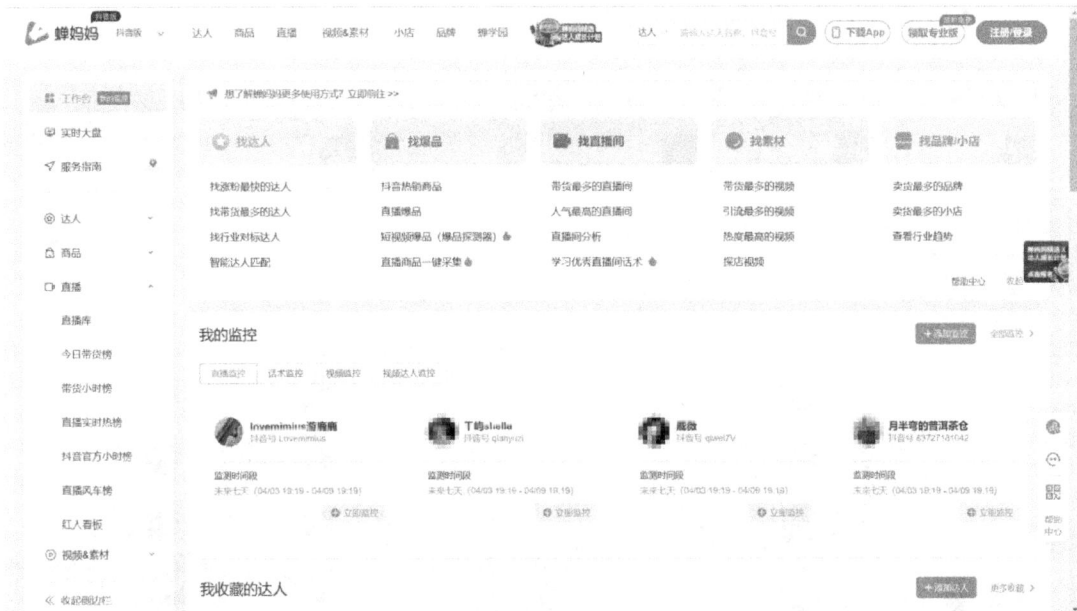

图 7-12

可以在"视频&素材"板块查看视频榜单。榜单总结了带货视频榜、引流视频榜、热门视频榜、实时热点榜等，帮助用户监控所发短视频的数据传播途径和引流来源，如图 7-13 和图 7-14 所示。

图 7-13

图 7-14

（一级）任务六　视频推广计划的制订方法

随着互联网技术的飞速发展，视频已经成为人们获取信息、进行娱乐和社交的重要途径。视频推广计划是指通过对视频内容、目标受众、传播渠道等进行策划和组织，提高视频的传播效果和影响力。

一、视频推广计划的制订

（一）明确推广目标

制订视频推广计划的第一步是明确推广目标。推广目标通常包括品牌知名度提升、产品销量增加、用户黏性提高等。在明确推广目标时，需要充分考虑企业或品牌的实际情况，确保推广目标具有可实现性和可衡量性。例如，可以设定具体的播放量、评论量、点赞量等指标作为推广目标。

（二）分析目标受众

了解目标受众是制订有效的视频推广计划的关键。通过市场调查、用户画像等方法，可以深入了解目标受众的年龄、性别、地域、兴趣爱好等信息，以便更好地满足他们的需求和期望。此外，还可以根据目标受众的特点，选择合适的传播渠道和内容形式，提高视频推广效果。

（三）选择传播渠道

传播渠道是视频推广计划的重要组成部分。应根据目标受众的特点和习惯，选择合适的传播渠道，如短视频平台、社交媒体、直播平台等。同时，还需要关注不同传播渠道的特点和优势，以便更好地利用这些渠道进行视频推广。例如，可以在短视频平台上发布搞笑、情感、教育等相关内容，吸引用户关注；在社交媒体上分享视频链接，扩大视频的传播范围。

（四）制定内容策略

内容策略是视频推广计划的核心。在制定内容策略时，需要充分考虑目标受众的需求和兴趣，以及企业或品牌的特点和优势。具体制定方法如下。

1. 选题策划

选题策划是指根据目标受众的需求和兴趣，选择合适的题材和话题，如热点事件、行业动态、生活趣事等。同时，关注内容的原创性和独特性，以提高视频的吸引力。例如，可以制作一段关于产品使用教程的视频，帮助用户解决实际问题。

2. 内容形式

应根据目标受众的特点和习惯，选择合适的内容形式。此外，可以通过动画、特效等技术手段，打造独特的视觉效果，提高用户的观看体验。例如，可以制作一段创意十足的动画短片，吸引用户的注意力。

3. 内容编排

应合理安排视频的内容结构，使视频内容更加紧凑和连贯。同时，关注视频的节奏和时长，以便用户快速理解和接受视频内容。例如，可以将一个复杂的产品介绍分为几个小段进行讲解，使用户更容易理解。

（五）制定推广策略

推广策略是视频推广计划的实施手段。在制定推广策略时，需要充分考虑传播渠道的特点和优势，以及目标受众的行为特点。具体制定方法如下。

1. 互动营销

可通过设置互动环节，如评论、点赞、分享等，鼓励用户参与互动，提高用户的参与度和黏性。此外，还可以通过举办线上/线下活动，邀请用户参与创意征集、作品展示等环节，扩大视频的传播范围。例如，可以发起一个有奖评论活动，鼓励用户发表对视频的看法和建议。

2. 合作推广

可与其他企业或品牌进行合作推广，共享资源和优势，提高视频的曝光度和影响力。此外，还可通过与意见领袖、网红等合作，借助他们的影响力和粉丝基础，提高视频的传播效果。例如，可以邀请一位知名博主在自己的社交媒体上分享产品。

3. 广告投放

可通过在短视频平台、社交媒体等渠道投放广告，提高视频的曝光度和点击率。此外，可根据预算和效果需求，选择合适的广告形式和投放方式，如原生广告、激励式广告等，还可在短视频平台上购买广告位，让更多的用户看到视频。

二、计划模板

项目名称：填写项目名称。
项目背景：简要介绍项目的背景和目的。
目标受众：描述目标受众的特征和需求。
推广目标：设定具体的推广目标。
传播渠道：列举适合的传播渠道。
内容策略：详细描述内容策划的方法和步骤。
推广策略：详细描述推广的方法和步骤。
时间安排：规划项目的时间节点。
预算分配：预估项目的预算分配。
评估与调整：设定项目的评估标准和方法。
责任人：指定项目的责任人。

习题

一、选择题

1. 以下不属于数据分析工具的是（　　）。

A. 飞瓜数据　　　　B. 新榜　　　　C. DOU+　　　　D. 蝉妈妈

2. 以下关联指标中，可以用来分析短视频运营效果的是（　　）。

A. 点赞率　　　　B. 完播率　　　　C. 收藏率　　　　D. 以上都是

二、简答题

1. 请解释公域流量和私域流量，并阐述它们的区别。

2. 与短视频相关的数据分析工具有哪些？

| 项目八 |

售后

📋 【项目导读】

　　良好的售后服务能树立良好的企业形象，提升买家对商品的满意度，在潜在买家之间传播，形成口碑效应。

📊 【项目目标】

1. 能查询产品的发货进度
2. 能处理买家反馈的问题
3. 能建立售后标准工作流程

🔍 （五级）任务一　发货进度查询方法

　　通过任意一种物流发货后，都会留下一份发货单。在买家收到商品并确认之前，卖家必须将发货单保存好，以便处理发货后期出现的纠纷。发货后，大部分买家会关心发货进度，在其不方便查看时，卖家就可以通过发货单号来跟踪运输进度并告知买家。

　　以拼多多平台为例，在"发货管理"模块的"发货中心"页面，卖家可以查看发货记录、处理物流服务异常投诉、查看物流提醒，也可以开通极速发货服务，增加商品搜索权重，如图 8-1 所示。

　　在"发货管理"模块的"物流工具"页面，卖家可以设置运费模板和送装服务模板，管理发货地址，处理各种物流相关问题。

　　在"发货管理"模块的"物流概况"页面，卖家可以查看店铺最近 30 天的物流概况数据和指标，包括成团到发货、成团到揽件、成团到签收、发货到签收、揽件到签收、物流投诉率、物流详情完整度、发货单量等物流数据，以及快递公司、发货到签收（时）、揽收到签收（时）、物流投诉率、物流 DSR（卖家服务评级系统）等物流指标，如图 8-2 所示。

图 8-1

图 8-2

在"发货管理"模块的"包裹中心"页面，卖家可以快速筛选订单状态，包括揽收超时、派签超时和即将揽件超时的包裹，在查询结果中查看发货时间、订单号、物流公司、运单编号、面单类型、包裹状态、当前异常类型、异常时长、处理状态、卖家的处理操作等。

（五级）任务二 投诉问题的处理方法

投诉是买家对卖家的商品质量、服务态度等方面不满，向卖家或平台反映情况，检举问题，并要求得到相应补偿的一种手段。

解决投诉的意义在于：如果不让买家的不满和问题得以释放和解决，他们大多不会再回购，而且会将问题告诉其他潜在买家；积极解决买家的投诉，会提高买家的回头率。

一、投诉处理流程

（一）耐心倾听，真诚道歉

当处理买家投诉时，要热情地对待，不要急着去辩解，更不能否认出现的问题，应当耐心地倾听买家针对商品和服务反映的问题。买家在反映质量问题时，可能表现出愤怒、泄气、失望等不良情绪，这时，客服人员应当换位思考（假如自己购物时发生了同样的问题，会怎样做）。

无论是什么原因造成买家不满意，客服人员都应该诚恳地道歉，对给买家造成的损失道歉，不要找借口，更不要对买家的抱怨敷衍了事。

（二）仔细询问，详细解释

当发泄出不良情绪后，买家的心情会相对平缓。客服人员可在此时询问买家的用户名及所交易的商品或服务，查看与买家之前的聊天记录和交易记录，与买家一起分析问题所在，解释出现这些问题的原因，再有针对性地找出问题的解决方案。切忌直接拒绝或教育、讽刺买家。

（三）进行补救，解决问题

了解事实后，应及时想出补救办法，至少提出一个以上的补救措施供买家选择。买家发现商品存在质量问题时，第一时间想到的是问题能不能得到解决，需要多久才能得到解决，当发现客服人员的补救办法合情合理时，就会消除心中的顾虑。

（四）及时执行，跟进反馈

买家同意补救措施后要立即执行，如果有特殊原因无法执行或需要延迟执行，应立即通知买家。在补救措施执行过程中，要及时通知买家（可通过旺旺、QQ、短信等方式告知），让买家随时了解事件进程。

二、投诉处理要点

（1）保持冷静，避免个人情绪受影响。
（2）向积极方面去想，并采取积极的行动。
（3）只讲买家希望知道的，而不是自己想讲的。
（4）集中研究解决问题的办法，熟悉各种可行的办法，并向买家提出适当的建议。

（5）避免提供过多不必要的资料或假设。

（6）要充满信心。

（7）即使买家粗鲁，没有礼貌，也要保持关注和同情。

（8）多用"谢谢您提醒，我们会注意的""谢谢您告诉我们""我们明白您的困扰和问题"等类似语言。

三、投诉处理禁忌

客服人员在与买家沟通时要保持良好、积极的心态，解决在整个售后服务过程中出现的一切问题；要记住"客户永远是对的"。在整个售后服务过程中，客服人员要注意以下禁忌。

（1）不要直接拒绝买家，永远不要对买家说"不"。

（2）不要争辩、争吵或打断买家的聊天。倾听比解释更有用，应该给买家更多的机会说出真实想法。

（3）不要暗示买家有错误；不要只强调自己正确的方面，不承认错误。

（4）不要暗示买家不重要，每个买家都是卖家的重要资源。

（四级）任务三　售后标准工作流程的主要内容

"短视频带货"售后旨在确保买家权益、维护卖家信誉，并通过有效的售后服务提升整体购物体验和用户黏性。其标准工作流程主要涵盖以下几个核心环节。

一、售前信息披露

应在短视频中明确告知买家商品详情、价格、活动规则、售后服务政策等重要信息，确保买家知情。

二、订单确认与发货通知

（1）确认买家购买信息无误，生成订单并录入系统。

（2）发送订单确认通知，包含订单号、商品详情、预计发货时间等信息。

（3）安排物流发货，发送发货通知，附带物流单号，方便买家追踪包裹状态。

三、物流跟踪与异常处理

（1）实时监控物流状态，及时发现并处理配送异常，如延迟、丢失、破损等。

（2）对于物流问题，主动联系买家解释情况，提供解决方案，如重新发货、补偿等。

四、买家收货与验货指引

（1）提醒买家在签收包裹时仔细检查商品外包装，如有明显破损可拒绝签收。

（2）鼓励买家在拆封后尽快查验商品质量、数量、配件等是否与订单一致。

五、售后服务申请入口与响应

（1）明确告知买家售后申请途径，如商家客服联系方式、平台售后入口等。

（2）设置便捷的售后申请流程，确保买家能轻松提交退/换货、维修、咨询等请求。

（3）及时响应买家申请，初步审核问题是否符合售后政策，并给予初步答复。

六、问题商品鉴定与处理

（1）对于退/换货请求，指导买家提供清晰的问题描述、照片或视频证据。

（2）根据提供的信息和商品特性进行初步鉴定，如需进一步核实，可要求买家寄回商品。

（3）收到退回商品后，进行专业检测，确认问题性质及责任归属，按照售后政策进行处理。

七、退/换货操作执行

（1）对于符合退/换货条件的商品，迅速办理退款或换货手续，确保资金及时返还或新商品快速发出。

（2）更新订单状态并通知买家，确保其知晓售后进度。

八、维修服务与技术支持

（1）对于需要维修的商品，提供维修流程说明及所需材料，协助买家寄送至指定地点或预约上门服务。

（2）维修完成后，及时将商品寄给买家，并提供质保期内的后续技术支持。

九、投诉处理与纠纷调解

（1）设立专门的投诉处理渠道，确保买家的意见能得到及时、公正的回应。

（2）对于复杂或争议较大的问题，积极协调各方，寻找合理的解决方案，必要时借助平台仲裁或法律手段。

十、售后服务记录与数据分析

（1）记录每个售后请求的详细信息，包括问题类型、处理过程、结果及买家反馈。

（2）定期分析售后数据，识别常见问题、高风险商品及服务瓶颈，为产品改进、供应链管理及客服培训提供依据。

十一、买家关系维护与满意度提升

（1）对已解决售后问题的买家进行满意度调查，了解其对处理结果及服务过程的感受。

（2）对于不满或进行投诉的买家，采取补救措施，如额外补偿、优先处理后续问题等，以挽回信任。

（3）通过优质售后服务树立良好口碑，鼓励买家分享购物体验，吸引新用户。

小贴士

《中华人民共和国消费者权益保护法》规定："消费者享有自主选择商品或者服务的权利。消费者有权自主选择提供商品或者服务的经营者，自主选择商品品种或者服务方式，自主决定购买或者不购买任何一种商品、接受或者不接受任何一项服务。消费者在自主选择商品或者服务时，有权进行比较、鉴别和挑选。"

习题

一、选择题

1．在面对买家投诉时，以下做法错误的是（　　）。

A．耐心倾听，真诚道歉　　　　　　B．争辩、争吵或打断买家的聊天

C．仔细询问，详细解释　　　　　　D．进行补救，解决问题

2．在提供订单售后服务的过程中应注意（　　）。

A．保持与用户的长期交流　　　　　B．及时回复用户的反馈信息

C．二次服务跟进　　　　　　　　　D．以上所有

二、简答题

1．应对投诉处理要点有哪些？

2．售后服务过程中应注意哪些方面？

复盘

【项目导读】

在瞬息万变的短视频营销领域，复盘不仅仅是对过往营销活动的回顾与反思，更是提炼经验、优化策略、驱动增长的重要手段。本项目针对视频创推员的角色定位，结合营销数据采集、统计、复核等能力要求，系统阐述短视频营销复盘的内容与工作流程，旨在帮助学员掌握科学、系统的复盘方法，提升营销效果与决策精准度。

【项目目标】

1. 能采集营销数据
2. 能统计营销数据
3. 能对售前预测数据进行复核
4. 能制定数据维度和分析标准
5. 能制定数据采集操作流程

（五级）任务一　营销数据采集

一、实时监测

实时监测是短视频营销数据采集的重要组成部分，旨在即时了解短视频在各大平台上发布后的实时表现，快速响应市场反馈，调整优化策略。进行实时监测时，主要关注以下 5 个关键指标。

（1）播放量：反映短视频被用户观看的次数，是衡量短视频曝光度的基础指标。

（2）评论量：用户主动发表意见的数量，体现了短视频引发讨论与互动的活跃度，其中正面、负面及中立评论的比例可以反映用户情绪。

（3）点赞量：用户对短视频内容的认可程度，可作为评估内容吸引力与用户满意度的直接依据。

（4）分享量：用户将短视频转发到个人社交账号或群组的数量，反映了内容的"病毒式"

传播潜力和口碑效应。

（5）关注转化情况：通过短视频引导新用户关注品牌账号的数量，是衡量品牌影响力扩大和粉丝群体增长的关键指标。

图9-1所示为灰豚数据平台短视频实时监测数据界面。

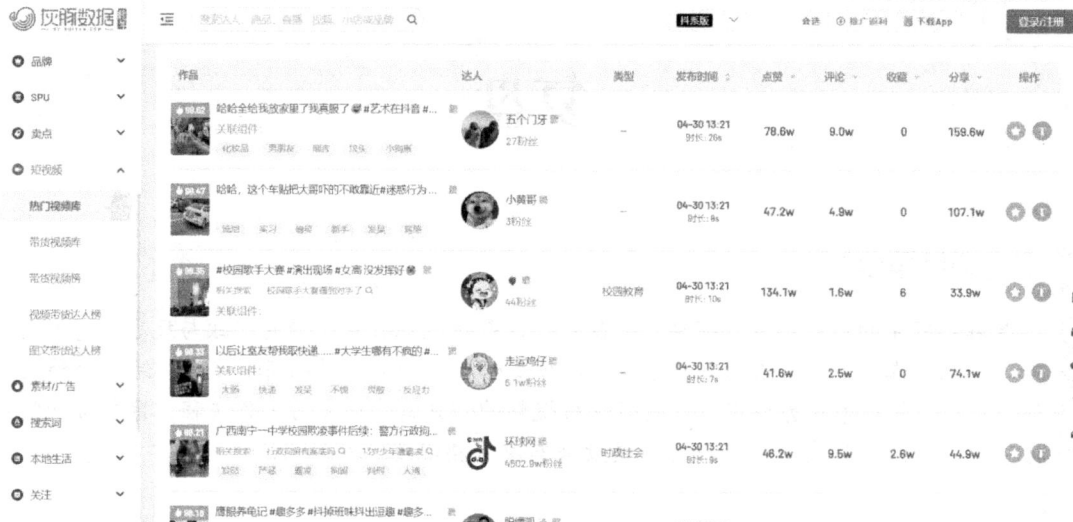

图 9-1

二、用户行为数据

用户行为数据深入揭示了用户在观看短视频后的行为轨迹，对于视频创推员理解用户参与度、兴趣偏好及购买决策过程具有极高的价值。以下是一些关键的用户行为数据点。

（1）观看时长：用户完整观看短视频或观看短视频的时间，可以反映内容吸引力及用户关注度。

（2）互动行为：包括用户收藏短视频、回复评论、私信咨询等。这些动作揭示了用户的参与程度和潜在购买意愿。

（3）点击链接：若短视频内嵌有落地页链接或商品链接，点击率可衡量用户对推广内容的兴趣及转化入口的吸引力。

（4）加入购物车：在电商类短视频中，用户将商品加入购物车的动作反映了其具有初步购买意向，是转化漏斗中的重要环节。

（5）完成购买：最终的购买行为是直接转化指标，用于计算投入产出比率（ROI）和客户获取成本（CAC），评估营销活动的经济效益。

获取用户行为数据通常需要对接平台的应用程序接口（API），或者利用平台提供的商家后台、数据导出功能。部分电商平台和社交媒体平台已具备完善的数据追踪与分析功能，可以直接获取上述数据。

图9-2所示为腾讯视频号后台的视频相关用户行为数据界面。

图 9-2

三、竞品分析

竞品分析通过对同类竞品短视频的监控，为自身的营销策略提供外部参照和改进灵感。进行竞品分析时主要关注以下4个方面。

（1）发布频率：研究竞品短视频的发布频次、时段规律，分析其对用户黏性及平台算法推荐的影响。

（2）话题选择：观察竞品短视频聚焦的主题、热点话题参与情况，评估其吸引目标受众的有效性。

（3）创意手法：分析竞品短视频在剧本设计、拍摄技巧、后期特效、音乐搭配等方面的创新之处，寻找可供借鉴的元素。

（4）受众反馈：关注竞品短视频的用户评论、评分、互动率等，了解其在目标市场中的口碑与影响力。

竞品分析数据可通过手动浏览竞品账号、订阅竞品动态，或者使用专业的竞品分析工具来获取。工具通常能够自动化抓取竞品数据，并提供对比分析，简化数据分析过程。

图9-3所示为巨量千川后台的商品竞争分析界面。

图 9-3

（五级）任务二 营销数据统计方法与工具

一、营销数据常用统计方法

（一）基础统计

基础统计是指对营销数据进行初步量化处理，通过计算各项关键指标的基本统计量，以简洁明了的方式评估短视频的整体表现。以下是一些常用的基础统计量。

（1）总量：总播放量、总评论量、总点赞量、总分享量等，直观地反映短视频在一定时间内的总体曝光情况和用户互动情况。

（2）平均值：单条视频的平均播放量、平均评论率（评论量÷播放量×100%）、平均点赞率（点赞量÷播放量×100%）等，展示短视频内容的平均水平和稳定性。

（3）增长率：播放量、点赞量、粉丝数等指标的环比增长率（本期数值与上期数值之差除以上期数值）、同比增长率（本期数值与去年同期数值之差除以去年同期数值），反映短视频增长势头及季节性波动。

图 9-4 所示为蝉妈妈数据服务平台短视频爆品探测工具/报表界面。

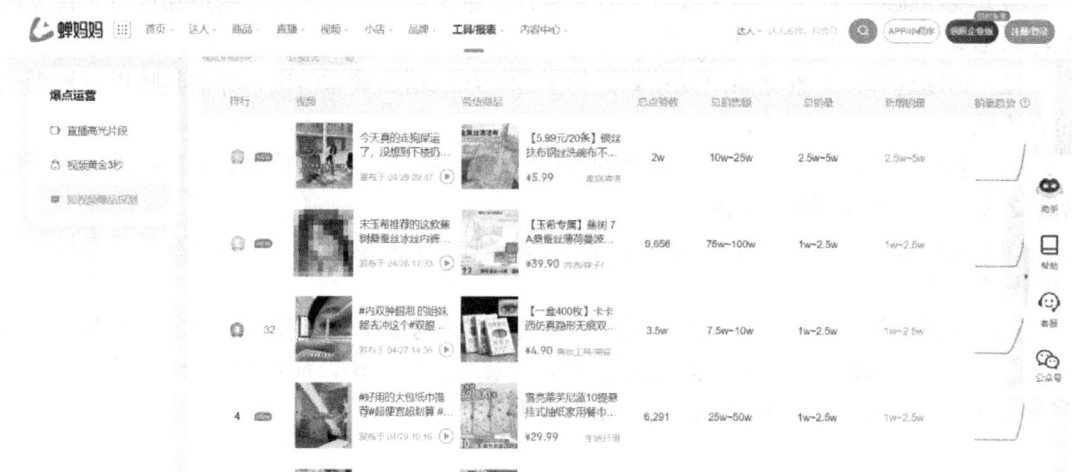

图 9-4

（二）趋势分析

趋势分析旨在通过绘制数据时间序列图表，揭示短视频关键指标随时间的推进而发生变化的规律，有助于判断营销活动的效果及市场反应。常用图表包括折线图、柱状图、面积图等。

（1）播放量趋势：显示短视频播放量随发布日期的变化而发生的变化，能反映出特定营销活动、热点事件或季节因素对播放量的影响。

（2）互动率趋势：显示评论率、点赞率、分享率等互动指标随时间的变化而发生的波动，揭示用户参与度的变化趋势，以及内容吸引力的持续性。

（3）关键节点分析：标记重要营销活动开始、结束时间点或内容策略调整节点，观察其对数据趋势的即时影响和长期效应。

图 9-5 所示为腾讯视频号短视频数据诊断界面，以图表形式展示了短视频数据趋势和来源分布。

（三）转化漏斗分析

转化漏斗分析通过构建用户从观看短视频到最终转化（如购买、注册、预约等）的多步骤流程模型，量化各阶段的转化率和流失情况，旨在帮助相关人员识别并优化转化路径中的瓶颈。典型的转化漏斗分析可能包括以下过程。

（1）观看短视频：用户首次接触到短视频。

（2）产生互动：用户评论、点赞、分享或点击链接。

（3）访问落地页：用户点击短视频内的链接后进入详情页面或商品页面。

（4）加入购物车/收藏：用户对商品表现出明确的购买意向。

（5）完成购买：用户完成支付，实现最终转化。

通过计算各阶段的转化率（本阶段人数÷上一阶段人数×100%）及整体转化漏斗的流失率，可以清晰地看到用户在哪个环节流失得最多，可有针对性地优化内容、加强互动引导、优化落地页设计或调整促销策略。

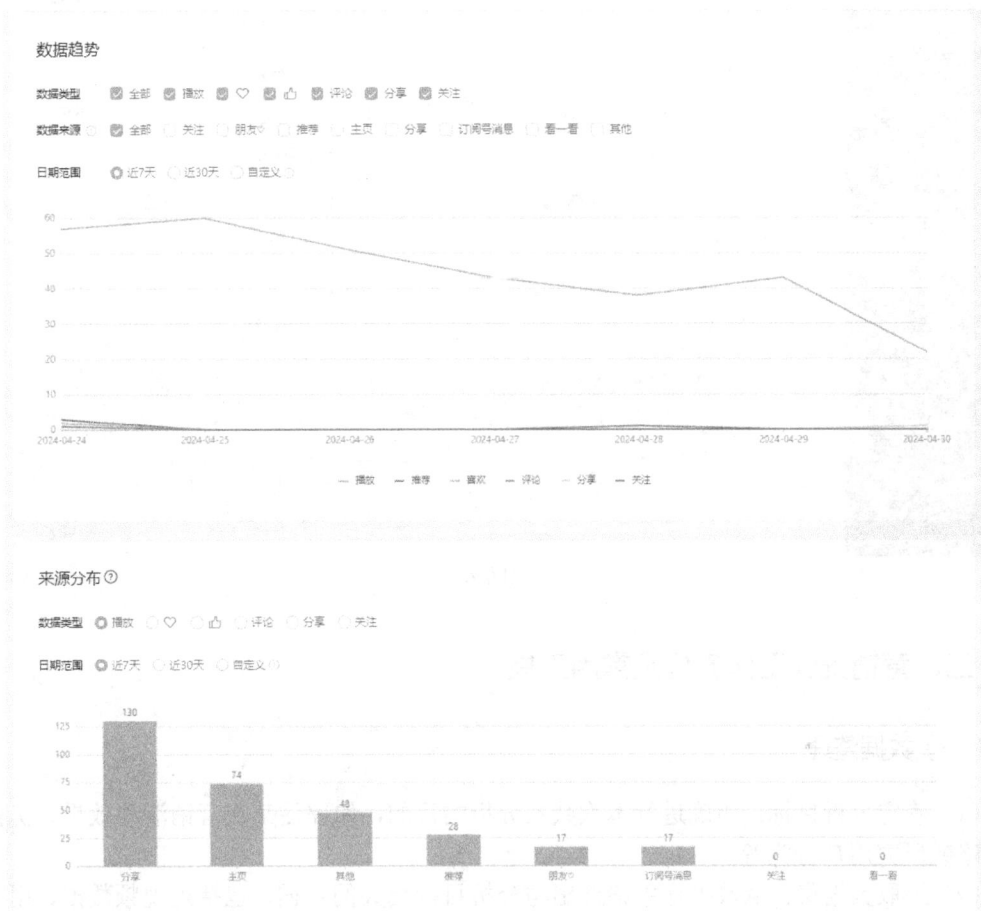

图 9-5

图 9-6 所示为神策数据平台的漏斗分析界面。

（四）归因分析

归因分析旨在确定不同营销因素（如推广渠道、发布时间、内容形式等）对最终转化效果的贡献度，帮助企业合理分配营销资源。常见的归因模型如下。

（1）首次接触归因：将转化功劳归于用户首次接触的营销触点。

（2）末次接触归因：认为用户最后一次接触的营销触点对转化起决定性作用。

（3）线性归因：将转化功劳均匀分配给所有营销触点。

（4）时间衰减归因：认为越接近转化发生时刻的营销触点，功劳越大。

（5）U 形归因：重视首次和末次接触，中间的营销触点权重较低。

通过对不同因素的归因分析，可以找出最具影响力的营销策略组合，为未来的营销决策提供依据。

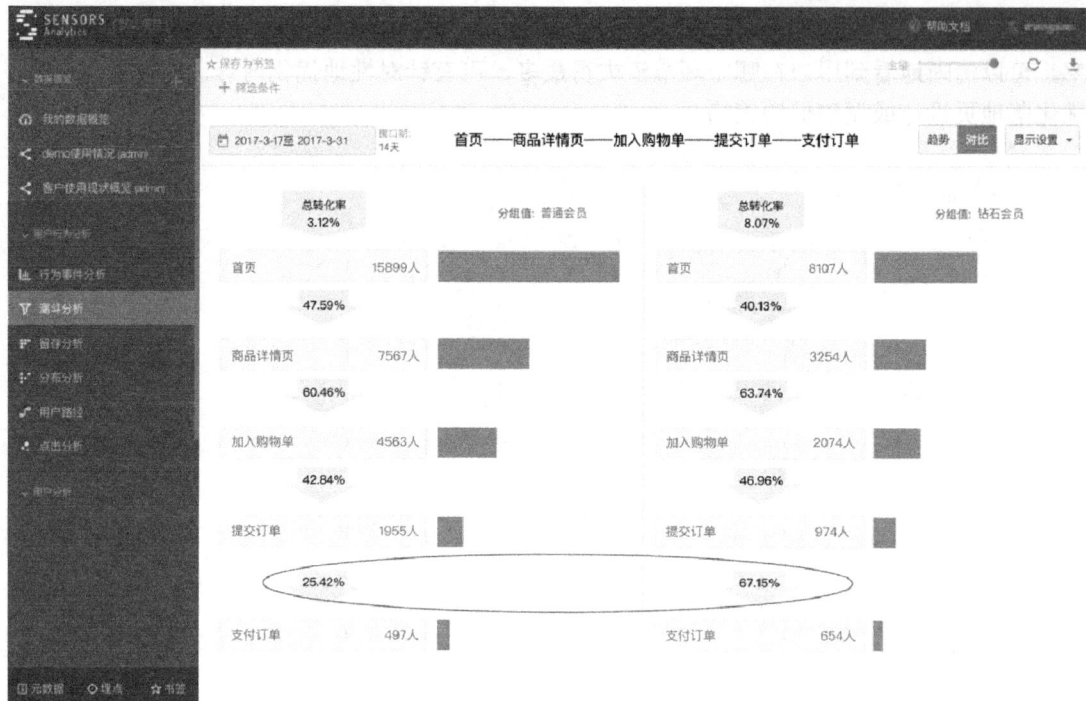

图 9-6

二、营销统计工作流程及常用工具

（一）数据整理

（1）确定分析目标：明确进行本次数据分析的目的，如评估某次营销活动效果、优化内容策略或研究用户行为等。

（2）提取数据集：从数据库中筛选出与分析目标相关的数据，包括短视频数据、用户行为数据、转化数据等。

（3）数据预处理：清洗异常值、填充缺失值、转换数据格式，确保数据质量符合统计分析要求。

（二）统计计算

（1）使用统计软件：如 Microsoft Excel、IBM SPSS 等，通过内置函数或插件进行基础统计计算、趋势分析、转化漏斗计算和归因分析。

（2）编程实现：利用 Python、R 等编程语言，结合 pandas、numpy、statsmodels 等库进行复杂的数据处理和统计分析。

（三）可视化呈现

（1）选择图表工具：如 Tableau、Power BI、Google Data Studio 等数据可视化平台，或 Python 的 matplotlib、seaborn 等库。

（2）创建可视化图表：根据分析结果设计合适的图表类型，如柱状图、折线图、饼图、热力图、漏斗图等，清晰展示数据分布情况、对比数据、趋势等。

（3）交互式探索：利用可视化工具的交互功能，允许用户通过过滤、下钻、联动等方式动态探索数据，增强分析体验。

图 9-7 所示为使用 Tableau 创建的可视化图表。

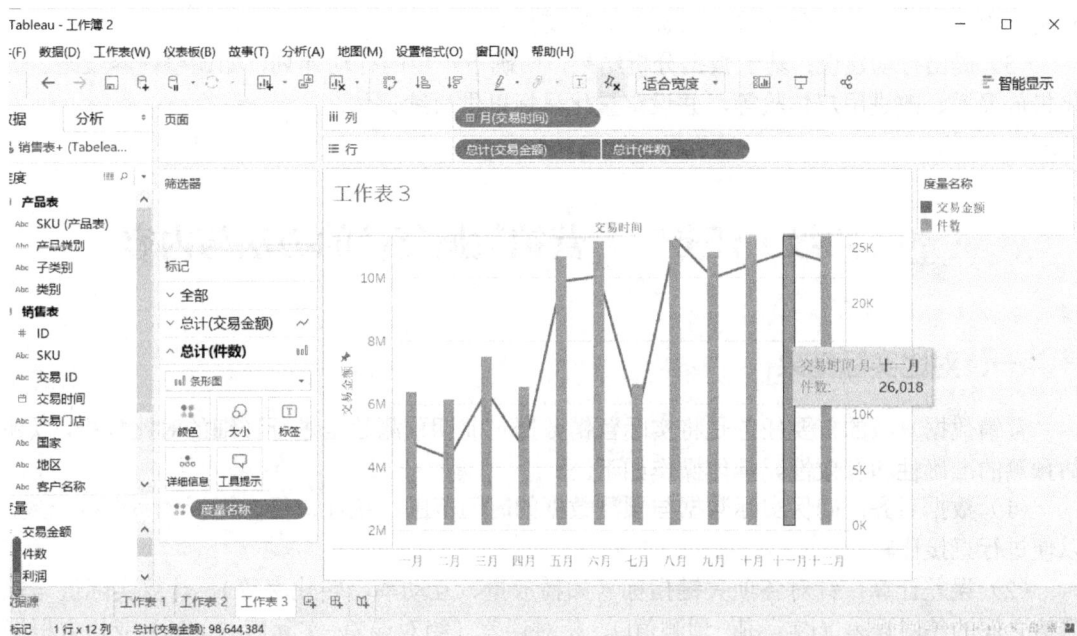

图 9-7

图 9-8 所示为使用 Power BI 创建的可视化图表。

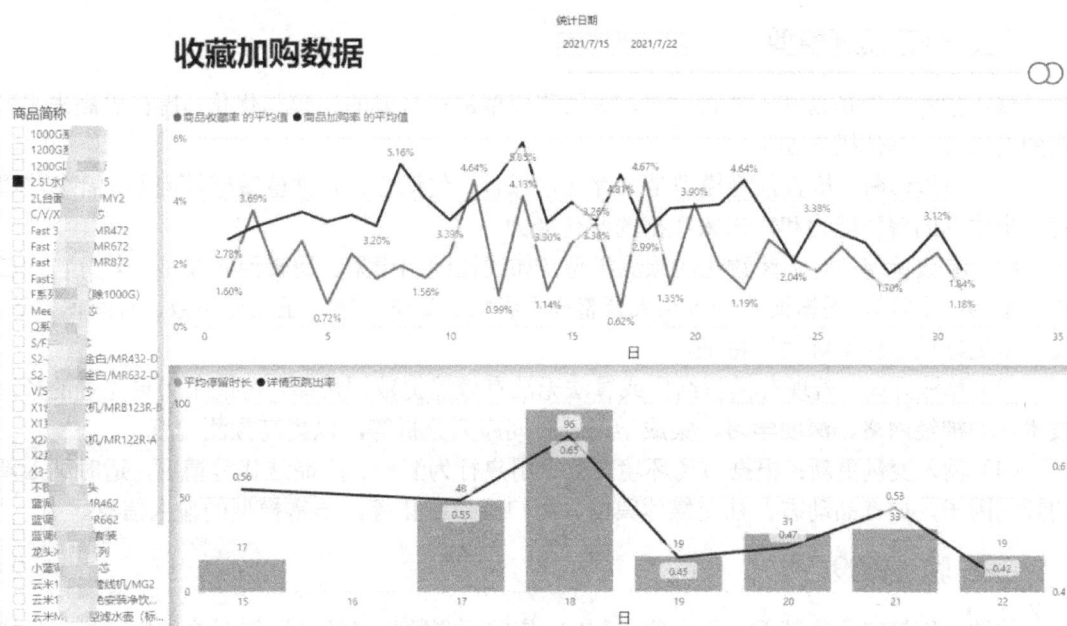

图 9-8

（四）解读分析

（1）结合业务背景：将统计结果置于具体的市场环境、竞争态势、产品生命周期等业务背景下进行解读，确保结论的实用性和针对性。

（2）提炼关键洞察：总结数据反映出的核心问题、成功要素、改进方向等，为营销策略制定、内容优化、预算分配等决策提供数据支持。

（3）提出行动建议：基于数据分析结果，明确下一步的行动计划，如调整内容策略、优化投放渠道、改进用户体验等，并设定量化目标以供后续评估。

（四级）任务三　营销数据复核的方法与内容

一、对比实际结果

营销数据复核的首要任务是将实际营销数据与前期预测数据进行详细的对比分析，以评估预测的准确性和有效性。具体操作如下。

（1）数据对齐：确保实际数据与预测数据的时间范围、统计口径、指标体系保持一致，以便进行直接比较。

（2）误差计算：针对各项关键指标（如播放量、互动率、转化率等），计算实际值与预测值之间的绝对误差（|实际值-预测值|）、相对误差（绝对误差÷实际值×100%）或均方根误差（RMSE），量化预测偏差程度。

（3）误差分布：分析误差在不同时间段、不同内容类型、不同营销活动中的分布情况，识别预测误差的集中区域或特殊案例。

二、修正预测模型

修正预测模型是指基于复盘结果，对预测模型进行必要的调整与优化，旨在提高未来预测的准确性。具体操作如下。

（1）模型诊断：检查预测模型是否存在过拟合、欠拟合、异常值敏感等问题，评估模型对历史数据的解释能力和对未来数据的泛化能力。

（2）参数调整：对于参数化的预测模型（如线性回归模型、逻辑回归模型、差分自回归移动平均模型等），根据误差分析结果调整模型参数，如学习率、正则化系数、时间窗口等，使模型更好地适应实际数据特征。

（3）算法升级：若现有模型结构或算法无法有效捕捉数据规律，考虑采用更先进的预测技术，如神经网络、深度学习、集成学习、时间序列分析等，以提高预测精度。

（4）输入变量更新：根据市场环境变化、用户行为演变、产品迭代等情况，适时纳入新的预测因子，如竞品动态、社交媒体舆情、用户画像细化等，丰富模型的输入信息。

三、验证假设

前期营销策略往往基于一系列假设制定，售前预测数据复核阶段需对这些假设进行严谨的验证，以确认其有效性并指导后续策略优化。主要验证内容如下。

（1）话题吸引力：分析实际数据中与特定话题相关的内容的表现，如播放量、互动率、留存率等，验证该话题是否如预期般吸引目标受众，是否带来了预期的商业价值。

（2）投放时机效果：确认不同时间段（如工作日与周末、早晚高峰等）的实际营销效果，验证特定投放时段是否确实能提升用户活跃度、增加转化机会，或者是否存在更优的投放时机。

（3）其他营销策略假设：如内容形式、推广渠道、定价策略、促销活动等，均需对照实际数据进行验证，以判断前期假设是否成立，是否需要调整策略方向。

（三级）任务四　营销数据维度与分析标准制定

一、数据维度

（一）关键绩效指标

关键绩效指标（Key Performance Index，KPI）是衡量短视频营销效果的核心指标，提供了客观、量化的评价标准，帮助团队明确目标、追踪进度、评估效果。以下是短视频营销中常见的 KPI。

（1）播放完成率：衡量视频被完整观看的比例，反映内容吸引力及用户黏性。

（2）互动率：包括评论率、点赞率、分享率等，体现用户对内容的积极反馈与参与度。

（3）转化率：包括点击转化率、购买转化率、注册转化率等，反映从观看视频到产生特定行动（如点击链接、购买商品、注册账号等）的用户比例。

（4）客户获取成本（CAC）：广告支出或其他营销费用除以新获取的客户数量，衡量获取单个新客户的经济成本。

（5）品牌提及率：通过监控社交媒体、搜索引擎等渠道，统计提及品牌的次数与总讨论量的比例，反映品牌影响力和口碑传播效果。

（6）粉丝增长率：追踪短视频账号的粉丝数量随时间的增长情况，评估内容的持续吸引能力和留住用户能力。

（二）数据细分

为了深入洞察营销效果，需对数据进行细化分析，从不同维度剖析 KPI 的表现。常见的细分维度如下。

（1）时间段：按日、周、月、季度或特定节日、促销期等时间段分析数据，揭示用户行为的周期性规律和营销活动的时效性效果。

（2）地域：按国家、地区、城市等地理层次划分数据，了解不同地区的用户偏好和市场潜力，为地域定向营销提供依据。

（3）用户画像：基于年龄、性别、职业、兴趣标签、消费水平等用户属性，分析不同群体对内容的响应差异，实现精准营销。

（4）内容主题：按照视频内容的主题、风格、类型等进行分类，评估各类内容在吸引用户、引发互动、推动转化方面的效能。

（三）行业对标

参照行业标准或竞品数据，设定合理且具有挑战性的业绩基准，有助于客观评估自身表现，找出优势与短板，制定更具竞争力的策略。对标过程如下。

（1）收集行业报告：关注权威机构发布的行业研究报告，了解短视频营销领域的总体趋势、平均指标水平、最佳实践等信息。

（2）研究平台数据报告：利用各大短视频平台提供的官方数据报告，掌握平台用户特性、热门内容特征、广告效果等行业特有数据。

（3）分析竞品公开数据：通过竞品账号公开的数据（如粉丝数、评论数、点赞数等）、第三方监测工具或行业交流信息，获取竞品的 KPI 表现。

（4）设定对标基准：结合自身定位与目标，选取合适的对标对象（如行业平均水平、领先竞品、特定标杆案例等），设定各维度的业绩基准或目标值。

图 9-9 所示为巨量千川后台的效果对比分析界面。

图 9-9

二、分析标准的制定方法

（一）KPI 体系构建

（1）明确营销目标：梳理短视频营销的整体目标，如提升品牌知名度、增加用户互动量、促进产品销售、降低获客成本等。

（2）选择与关联 KPI：根据营销目标，筛选出最能反映目标达成情况的关键指标，并明确各指标间的逻辑关系。

（3）设定权重与阈值：对于多项目标并存的情况，为各个 KPI 分配权重，体现其对整体目标的贡献程度；设置预警阈值，便于及时发现潜在问题。

（二）细分维度划分

（1）梳理业务逻辑：理解短视频营销业务流程，识别影响 KPI 表现的关键环节与因素。

（2）分析用户行为：研究用户在短视频平台上的行为模式，确定影响用户参与、转化的重要节点。

（3）确定细分维度：结合业务特点与用户行为特征，确定用于深入分析 KPI 的细分维度，确保覆盖影响效果的主要方面。

（三）评价标准设定

（1）搜集对标数据：按照"行业对标"部分的方法，收集行业报告、平台数据报告、竞品公开数据等信息。

（2）设定评价标准：基于对标数据，设定各维度的评价标准或目标值，如期望达到的完播率、互动率、转化率等。

（3）制订增长计划：对于关键 KPI，设定短期、中期、长期的增长目标，形成阶梯式提升路径。

（四）定期评估与调整

（1）定期进行分析：按季度或年度对 KPI 体系、细分维度和评价标准进行系统性分析，评估实际表现与既定标准的吻合程度。

（2）监测市场环境：密切关注行业动态、平台政策、竞品策略变化、用户行为趋势等市场环境因素。

（3）修订标准：根据评估结果与市场变化适时调整 KPI 体系、细分维度和评价标准，确保其与时俱进，持续引导营销策略优化。

（三级）任务五　营销数据采集操作流程制定

一、数据采集的主要流程及工作内容

（一）需求梳理

（1）明确数据采集目的：确定数据采集服务于短视频营销的哪些业务决策，如优化内容策略、提升广告效果、监测竞品动态、精细化用户运营等。

（2）确定数据采集范围：明确所需采集数据的来源与类型，包括短视频平台（如抖音、快手、哔哩哔哩等）后台数据、第三方监测工具数据、社交媒体舆情数据、用户调研数据等。

（3）设定数据采集周期：根据分析需求的时效性要求，设定数据采集的频率，如实时、每日、每周、每月等。

（4）列出所需数据字段清单：详细列举每个数据源中需要采集的具体字段，如短视频播放量、评论量、点赞量、分享量、观看时长、用户地域、用户年龄、用户兴趣标签、广告曝光量、广告点击率、转化率、竞品短视频数据、社交媒体舆情关键词等，确保数据能够全面支撑短视频营销分析需求。

（二）工具选型

（1）采集调研数据：评估适用于短视频营销数据采集的商业数据采集软件（如 SocialPeta、App Annie、SimilarWeb 等）、平台 API 接口、软件开发工具包（SDK）等，考虑其功能、易用性、技术支持情况、成本等因素。

（2）开发定制化脚本：针对特定数据源、非结构化数据或复杂采集需求，可能需要编程开发定制化的数据爬取脚本，使用 Python、JavaScript 等语言配合相关库（如 selenium、beautiful soup、requests 等）实现。

（3）确保数据获取的稳定性与准确性：选择或开发的工具应具备对短视频平台数据更新、爬虫、数据格式变化等情况的处理能力，保证数据采集过程的稳定性和所获取数据的准确性。

（三）数据验证

1. 建立数据质量控制机制

应设立数据清洗、校验规则，确保数据符合预设的质量标准。质量控制机制应涵盖以下方面。

（1）完整性：检查数据是否存在缺失值，确保关键字段的完整性，尤其是与营销效果密切相关的播放量、点赞量、转化率等数据。

（2）一致性：核查数据的内部逻辑是否自洽，如短视频播放量与评论量、点赞量的比例关系，广告曝光量与点击量、转化率的关系等。

（3）时效性：确保采集到的数据是最新的，符合短视频营销对数据新鲜度的高要求，特别是在进行竞品分析、热点追踪、活动效果评估时。

2. 实施数据校验

应在数据采集过程中或采集后立即进行数据校验，对不符合质量标准的数据进行标记、修正或剔除。可以利用数据质量监控工具自动进行部分校验工作。

（四）数据存储与更新

（1）设计数据存储架构：根据短视频营销数据的规模、查询需求、分析场景选择合适的数据存储技术，如关系数据库（MySQL、PostgreSQL 等）、NoSQL 数据库（MongoDB、Cassandra 等）、数据仓库（Snowflake、Redshift 等）或大数据平台（Hadoop、Spark 等）。

（2）规划数据更新频率与方式：设计数据同步策略，决定数据何时、如何从采集层流入存储层。短视频营销数据通常要求较高的更新频率，可能包括实时流式处理、定时增量更新等。

（3）确保数据实时可用：通过高效的数据加载、索引构建、缓存策略等手段，使得相关人员可以随时访问到最新、最全的短视频营销数据，支持快速决策与分析。

二、数据采集工作流程的制定步骤

（一）项目启动

（1）组建项目团队：根据项目规模与复杂程度，召集相关角色组成项目团队。

（2）明确角色分工：界定团队成员在需求梳理、工具选型、数据验证、存储设计、系统运维等环节的职责与协作方式。

（二）方案设计

（1）细化需求：进一步细化"需求梳理"部分的结果，明确短视频营销数据采集的具体细节和约束条件，如数据源访问权限、数据更新规则、数据隐私合规要求等。

（2）确定数据源：列出所有需要接入的短视频营销数据源及其优先级，考虑数据获取的难易程度、成本、法律合规性等因素。

（3）选择采集方式：针对不同的数据源，选择合适的采集方式（如 API 调用、网页抓取、SDK 对接等）。

（4）设计数据结构：定义数据表结构、字段类型、主外键关系等，确保数据模型能够有效承载并整合采集到的短视频营销数据，支持多维度分析。

（三）工具配置与测试

（1）配置采集工具：根据方案设计结果，配置选定的数据采集工具或开发定制化脚本，包括设置数据源链接、编写采集规则、设定采集任务等。

（2）进行数据采集测试：在小规模数据或测试环境中运行采集任务，检查数据采集的准确性、完整性、时效性，以及工具的稳定性等。

（3）优化与调整：根据测试结果，对采集工具或脚本进行必要的优化与调整，直至满足短视频营销数据质量要求。

（四）正式上线与运维

（1）部署采集系统：将经过测试的采集工具或脚本部署到生产环境，开始进行大规模、常态化的短视频营销数据采集。

（2）实时采集与监控：确保采集系统按照预定计划自动运行，实时收集数据，并设置数据采集状态监控与报警机制，及时发现并处理采集异常。

（3）定期维护与升级：根据短视频平台数据接口变更、业务需求更新、技术发展的趋势，定期对采集系统进行维护、优化与版本升级，保持其高效、稳定运行，适应短视频营销领域的快速变化。

习题

一、选择题

1．在短视频营销中，（　　　）是衡量短视频曝光度的基础指标。

A．点赞量　　　　　　B．播放量　　　　　　C．评论量　　　　　　D．分享量

2．进行竞品分析时，以下（　　　）不是主要关注的方面。

A．发布频率　　　　　B．视频长度　　　　　C．话题选择　　　　　D．受众反馈

二、简答题

1．简述实时监测在短视频营销中的重要作用。

2．请描述短视频营销复盘的目的，并简述复盘的基本流程。

| 项目十 |

培训

【项目导读】

为了有更长远的发展，团队应该招募人才并制定切合实际的培训方案，使团队未来的发展更加稳固。培训计划的编写、培训教学工作的要求和培训体系的建立，都应更注重全面和多层次，以便更高效地培养人才。

【项目目标】

1. 能编写培训计划
2. 能组织开展培训教学工作
3. 能建立培训体系

（二级）任务一　培训计划的编写方法

一场好的培训必须有好的培训计划，而培训实施方案是培训计划的主要表现形式。培训计划的编写，主要从以下 3 个方面着手。

一、培训需求分析

培训需求分析主要包括团队分析、工作分析和个人分析。

团队分析：围绕团队的培训需求进行，保证培训计划符合团队的整体目标与战略要求。

工作分析：团队成员实现理想的工作绩效需要掌握的技能和应具备的能力。

个人分析：对团队成员现有的水平与培训后要求的水平进行比较，如果存在的差距是培训能够解决的，可以对团队成员实施有针对性的培训。

二、具体培训实施方案制定

在了解培训需求的前提下，要对培训的各个构成因素进行深入分析，形成培训实施方案。培训实施方案的组成如图 10-1 所示。

（1）培训目标指培训计划中的培训项目需要达到的培训目的、目标或结果。

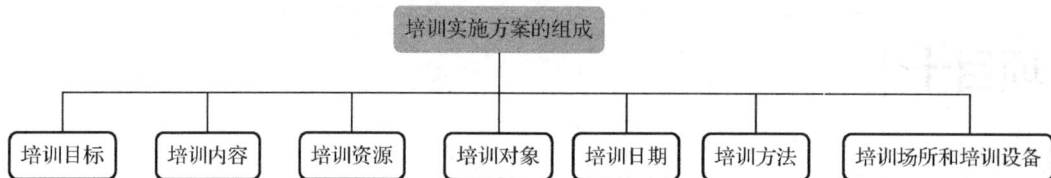

图 10-1

（2）培训内容主要包括知识培训、技能培训和素质培训 3 个方面。知识培训是指通过教材或讲座讲解专业知识的培训；技能培训是指能提升操作能力的培训；素质培训是指能提升个人逻辑思维和素质的培训。

（3）培训资源有软件资源和硬件资源之分，也有内部资源和外部资源之分。内部资源和外部资源各有优缺点，应根据培训需求和培训内容确定。

（4）培训对象指培训是对什么人进行的，他们的学历、经验、技能状况如何。

（5）培训日期包括 3 个方面的内容。一是培训计划的执行日期或有效期；二是培训计划中每个培训项目的实施时间或培训时间；三是培训计划中每个培训项目的周期或课时。

（6）培训方法有多种，如讲授法、演示法、案例法、讨论法、视听法、角色扮演法等。各种培训方法都有其自身的优缺点。为了提升培训质量，达到培训目的，在培训时可根据培训方式、培训内容、培训目的选择一种或多种配合使用。

（7）培训场所和培训设备。培训场所有会议室、工作现场等。若以技能培训为内容，较适宜的场所为工作现场。培训设备包括教材、摄影机、幻灯机等。不同的培训内容和方法决定最终的培训场所和培训设备。

三、培训效果评估与反馈调整

每个培训项目实施后，可对学员进行考核，检验培训是否成功。一个直接有效的评估方式是让学员参与一场直播，通过直播效果来确认培训效果。可建立学员反馈机制，及时收集学员对培训计划的意见和建议，以便对培训计划进行持续优化和改进。

（一级）任务二 培训教学工作的要求与技巧

一、培训教学工作的要求

（一）目标导向

（1）应有明确、具体且与业务紧密关联的培训目标，如提升团队成员在视频策划、拍摄、剪辑、运营等方面的技能，提升市场洞察能力，熟悉新兴平台规则等。

（2）目标应具有可度量性，便于培训后进行效果评估。

（二）内容有针对性

（1）培训内容应紧密结合行业前沿趋势、团队战略、产品特性及目标受众需求，确保实用性。

（2）分别针对编剧、导演、拍摄、后期、运营等岗位设计差异化的培训模块，聚焦关键技能提升。

（三）方法多元化

（1）结合成人学习特点，采用混合式教学法，如理论讲解、案例分析、实战演练、小组讨论、角色扮演、模拟项目等，增强学习体验。

（2）利用数字化工具，如在线课程、直播互动、虚拟现实模拟等，实现远程学习与实时反馈。

（四）效果评估科学化

（1）应用柯氏四级评估模型（Kirkpatrick Model），从反应、学习、行为、结果 4 个层面系统评估培训效果。

（2）定期收集数据，分析培训对团队绩效、项目成功率、用户满意度等关键指标的影响。

（五）建立持续学习与支持体系

（1）建立长效学习机制，如定期复盘分享，建立内部知识库、线上学习平台等，鼓励团队成员持续提升能力，进行知识共享。

（2）提供持续的导师指导、答疑服务与技能进阶课程，支持团队成员在工作中持续应用与深化所学知识。

二、培训教学工作的具体实施技巧

（一）前期规划与准备

1. 需求调研

（1）通过问卷调查、访谈、技能测评等方式了解团队成员的知识技能现状、提升需求与期望。

（2）结合企业战略、市场环境、项目需求确定培训重点与目标。

2. 课程设计

（1）根据调研结果设计符合团队特点的培训课程体系，明确课程内容、教学方法、考核标准与时间安排。

（2）开发或采购高质量的培训教材、案例资料、实训工具等教学资源。

3. 师资与场地准备

（1）确定内部讲师、外部专家或专业培训机构等培训合作伙伴，确保师资的专业度与教学能力。

（2）预约培训场地，检查设施/设备（如投影、音响、计算机、拍摄设备等），确保教学环境舒适、设备运行正常。

（二）培训执行与管理

1. 启动与动员

（1）召开培训启动会，强调培训的意义，明确学习目标与纪律要求，激发团队成员的学习动力。

（2）介绍培训计划、考核方式、学习资源与支持体系，确保团队成员清晰了解培训安排。

2. 教学实施

（1）按照教学计划进行授课，灵活运用各种教学方法，确保学员参与度与知识吸收率。

（2）定期组织实战演练、小组讨论、角色扮演等活动，强化理论与实践的结合。

3. 过程监控与反馈

（1）实施培训过程管理，监控出勤、参与度、作业完成情况，及时干预与辅导。

（2）利用数字化工具收集学习数据，实时反馈学习进度与成效，根据需要调整教学策略。

（三）后期评估与跟进

1. 培训考核与评估

（1）组织知识测试、技能认证、项目评审等考核活动，量化评估学习成果。

（2）应用柯氏四级评估模型，收集与分析各级别评估数据，形成培训效果报告。

2. 反馈收集与改进

（1）进行培训满意度调查，收集学员对培训内容、形式、师资等方面的评价与建议。

（2）根据反馈结果，优化后续培训课程与教学方法，持续提升培训质量。

3. 学习成果转化与应用

（1）鼓励团队成员在实际工作中应用所学知识，定期组织项目复盘、经验分享会，促进知识内化与技能提升。

（2）定期评估培训对团队绩效、项目成果、客户满意度等关键指标的影响，验证培训效果并为未来培训决策提供依据。

（一级）任务三　培训体系的建立方法

要建立完整的培训体系，面向不同层次的团队成员进行有针对性的培训，同时注意培训模式的多样化，建立全面、多层次的培训体系，力求发挥培训体系的巨大作用。培训层次主要分为3种：入门性培训、适应性培训、提高性培训。

一、入门性培训

入门性培训主要针对新成员，目的是帮助新成员了解团队的目标和宗旨，适应团队的要求，并对团队产生信任感和归属感。一般情况下，新成员难以快速接受陌生的团队、陌生的同事及陌生的工作岗位，而入门性培训能够帮助新成员更好地胜任岗位。

新成员在接受入门性培训的过程中，需要了解岗位职责与工作技巧，了解岗位的性质和特点，从而更加顺利地融入自己的岗位。具体而言，入门性培训分4步走。

第一步是让新成员融入团队。可以设计一些入职指引程序，让新成员熟悉工作环境及团队文化。

第二步是安排其他成员指导新成员开展工作，使新成员能了解岗位职责及工作内容。

第三步是要求新成员独立完成工作。在新成员了解岗位职责及工作内容后，安排合适的实践机会，通过反复训练保证新成员能够独立操作。

第四步是安排其他成员对新成员的工作进行检验，及时发现新成员的不足之处，并指导其改正，确保新成员能够更好地完成工作。

二、适应性培训

适应性培训能帮助团队成员快速提高绩效，降低团队成本，提高满意度、敬业度和归属感，有效降低团队成员流失率。适应性培训针对的是岗位适应性较差的团队成员，目的是提高团队成员的工作能力，使其能够达到统一的业务标准、技能熟练度等。

适应性培训以技能培训为主，需要制定完善的技能培训方案，通过工作技能的传授、工作技能的不断训练提升团队成员的工作能力。

为了更好地促进团队成员的进步，有必要对团队成员的工作进行分析，找出存在的问题，在解决问题的同时对团队成员进行技能培训，使团队成员进步更快。

为了确保团队成员领会和掌握适应性培训的内容，需要对团队成员进行跟踪调查。在跟踪调查时，需要通过团队成员的工作表现分析培训的效果，在发现团队成员的工作依然存在问题时，需要及时指出并帮助其解决。

三、提高性培训

提高性培训是在入门性培训和适应性培训的基础上进行的，目的是提高团队成员的工作能力，进而提高工作效率。提高性培训强调的是对团队成员工作能力的进一步提升，即使团队成员能够胜任当前的工作，也需要通过提高性培训进一步提高工作效率，进而提升整个团队的效率。

在进行提高性培训时，需要以先进的技术及各种工作技巧为培训的主要内容，帮助团队成员改进工作方法及流程。同时，团队的高效运作离不开团队成员的协作，要着重培养团队成员的协作能力，保证团队运营流程的高效顺畅。

以上3个层次的培训有助于逐步提高团队成员的工作能力，提高团队成员的工作效率；也有助于团队成员循序渐进地成长，逐步融入团队。

习题

一、选择题

1. 在建立完整的培训体系时，以下（　　）不是培训层次的主要内容。

A．入门性培训　　　B．适应性培训　　　C．提高性培训　　　D．竞争性培训

2．在培训教学工作的具体实施技巧中，下列关于前期规划与准备阶段的描述正确的是（　　）。

A．无须进行需求调研，直接根据企业战略确定培训目标

B．课程设计应仅由内部讲师完成，确保课程内容符合团队特点

C．只需确保内部讲师的专业度，无须考虑培训场地的舒适度

D．需求调研时应了解团队成员的知识技能现状、提升需求与期望，并结合企业战略、市场环境、项目需求确定培训重点与目标

二、简答题

1．适应性培训的目的是什么？

2．成熟的培训方案由哪些部分组成？

| 项目十一 |

指导

📖 **【项目导读】**

只有定期进行专业技能指导、对培训结果进行考评，才能更清楚地掌握团队成员对知识和技能的掌握情况。

📑 **【项目目标】**

1. 能讲授专业基础知识和技能要求
2. 能制定培训指导规范
3. 能评估培训效果

（二级）任务一　专业技能指导方法

一、常用的专业技能指导方法

（一）普通授课

1. 操作介绍

（1）由技术专家或经验丰富的技术员讲解相关知识。

（2）应用广泛，费用低，能增长学员的实用知识。

（3）单向沟通，学员参与讨论的机会较少。

2. 适用范围

普通授课适用于企业及产品知识、技术原理、心态及职业素养指导。

（二）工作指导

1. 操作介绍

（1）由人力负责人指定指导专员对学员进行一对一指导。

（2）学员在工作过程中学习技术、运用技术。

2. 适用范围

工作指导适用于操作流程、专业技术/技能培训。

（三）安全研讨

1. 操作介绍

（1）由生产安全、信息安全负责人主持，学员参与讨论。

（2）双向沟通，有利于掌握安全的重要性和相关规定。

2. 适用范围

安全研讨适用于安全生产、操作标准指导。

（四）录像、多媒体教学

1. 操作介绍

（1）将教学过程录制下来，供学员学习和研究。

（2）间接的现场式教学，节省了指导专员的时间。

2. 适用范围

录像、多媒体教学适用于操作标准、工艺流程指导。

（五）认证培训

1. 操作介绍

（1）业余进修方式，参加函授班的学习。

（2）培训结束后参加考试，合格者会获得证书。

（3）避免步入误区——仅仅为了获得证书而参加培训。

2. 适用范围

认证培训适用于专业知识、技能培训。

二、专业技能培训

专业技能培训的基本内容一般为基本素质培训、职业知识培训、专业知识与技能培训和社会实践。

（1）基本素质培训内容包括文化知识、道德知识、法律知识、公共关系与社会知识、生产知识与技能。这种培训主要是培养熟练工，以基本素质为主，结合用人单位的岗位设置及职业要求进行。

（2）职业知识培训内容包括职业基础知识、职业指导、劳动安全与保护知识、社会保险知识等，以使学员了解国家有关就业方针政策及个人选择职业的知识和方法，了解职业安全与劳动保护相关政策和知识，掌握社会保险方面的知识和政策。

（3）专业知识与技能培训内容包括专业理论、专业技能和专业实习。学员在专业理论的指导下掌握一定的专业技能，提高解决实际问题的能力。

（4）社会实践内容包括各种社会公益活动、义务劳动、参观学习等。

（一级）任务二 专业技能指导的考评方法

专业技能指导的考评方法主要有以下 4 种。

（1）问卷法：通过文字和图表所组成的试卷直接对鉴定对象的知识能力进行考评。

（2）操演法：在现场通过实际或模拟制作对鉴定对象的技能水平进行考评。

（3）口试法：考评双方直接对话，对鉴定对象的知识和技能进行考评。

（4）阅卷法：通过论文形式间接地对鉴定对象应用和解决问题的能力进行考评。

（一级）任务三 培训效果评估方法

常用柯氏四级评估模型对培训效果进行评估。该模型是由美国教育学家唐纳德·L·柯克帕特里克（Donald L.Kirkpatrick）在 1959 年首次提出的经典培训效果评估框架，旨在为培训项目的效果评价提供一个系统化、分层递进的方法。

一、柯氏四级评估模型的层级

该模型将评估分为反应层评估、学习层评估、行为层评估、结果层评估 4 个层级，从学员的即时反应到最终的组织结果，逐级深入地衡量培训活动的价值，如图 11-1 和表 11-1 所示。

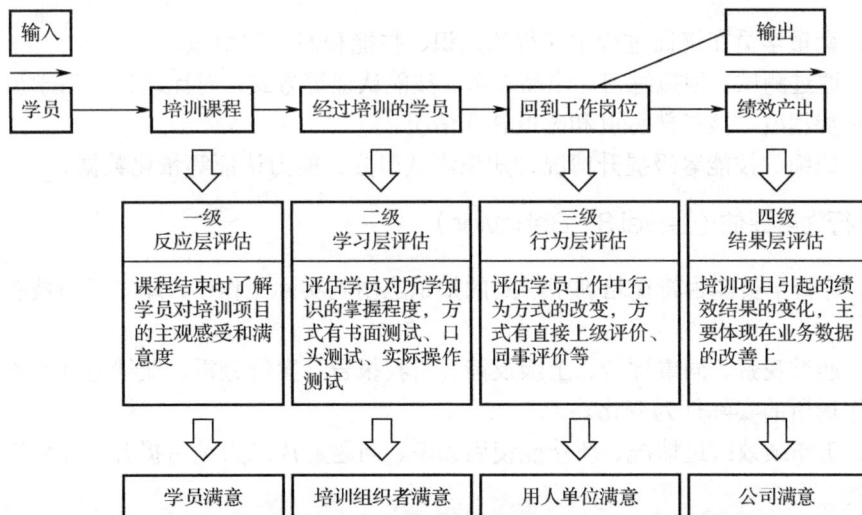

图 11-1

在实际评估中，反应层评估一般用调查方法，学习层评估一般用测试方法，行为层评估一般用观察方法，结果层评估一般用考核对比方法等。

表 11-1

层级	名称	内容	时间	方法	评估人
一	反应层评估	了解学员对课程安排、讲师及培训组织的满意情况	培训即将结束时	问卷调查、访谈、观察、座谈、电话、邮件等	培训组织者
二	学习层评估	了解学员对培训知识、内容、操作、技巧等的掌握程度	培训中、培训结束时	提问、测试、演讲、演示、角色扮演、心得文章等	培训组织者
三	行为层评估	了解学员培训后的行为改变是否受该培训影响，有没有将掌握的知识和技能落实到行动中或运用到工作中	两三个月或半年后	360°考核、目标管理、能力鉴定、绩效评估、观察、问卷调查、访谈等	学员直接上级、HR部门相关人员
四	结果层评估	了解该培训给企业业绩带来的影响	半年或一两年后	考核对比员工满意度、客户满意度、企业内外部环境、成本效益、离职率、缺勤率、生产率、合格率、个人和企业绩效指标等	学员所在部门领导、HR部门相关人员

二、各个层级的具体目的、方法和指标

（一）反应层评估（Level 1：Reaction）

目的：评估学员对培训课程的主观感受和满意度。

方法：通过问卷调查、观察、在线评价等方式，收集学员对培训内容、讲师、教学方法、设施、材料等方面的反馈意见。

指标：关注学员的积极性、参与度、学习兴趣，以及对培训的总体评价。

（二）学习层评估（Level 2：Learning）

目的：衡量学员在培训过程中获得的知识、技能和态度的增量。

方法：通过测试、模拟练习、作品展示、技能认证等方式，对比培训前后学员在特定领域的知识掌握程度、技能熟练度和态度转变情况。

指标：成绩、技能等级提升情况、知识测试得分、能力认证等量化数据。

（三）行为层评估（Level 3：Behavior）

目的：考查学员能否将在培训中学到的知识应用到实际工作中，即知识与技能的转化与迁移。

方法：通过观察、同事评价、上级反馈、自我报告、案例分析、业绩追踪等方式，监测学员在工作场所的实际行为变化。

指标：工作绩效改进情况、新技能使用频率、问题解决能力是否提升、行为规范遵守情况等。

（四）结果层评估（Level 4：Result）

目的：评估培训对组织目标、业务绩效、成本节约情况、客户服务、员工满意度等关键业务指标的影响。

方法：利用组织的关键绩效指标（KPI）、财务报表、客户满意度、员工离职率、生产效

率提升量等数据，分析培训带来的长期、宏观的组织效益。

指标：销售额增长、成本降低、事故减少、客户满意度提升、员工留存率改善等可以直接或间接归因于培训成果的量化数据。

三、使用柯氏四级评估模型需注意的事项

柯氏四级评估模型强调"以终为始"的设计理念，即在设计培训项目之初，应明确期望达到的组织结果，并据此逆向推导出需要改变的行为、需要学习的知识与技能，以及需要营造的积极培训体验。在实际操作中，虽然四级评估层层递进，但并不意味着必须全部实施，可以根据培训项目的规模、重要性、资源条件及组织对培训效果的关注点，选择适合的评估层次进行重点评估。

培训效果评估中的反应层、学习层都是表面评估，关键的培训效果是在培训过程中或培训结束后马上就进行评估得出的，这时的评估结果大多比较好。但效果能够持续多久、多好，就需要三四级的行为层、结果层评估了，这才是衡量培训效果能否发挥长期持续作用、培训投资能否使收益最大化的关键。如果培训可以达到改变员工态度和行为的目的，那么接下来就要考察员工的这种改变是否对企业经营业绩的改善起到了积极的作用。但由于绩效数据结果多种多样，导致结果层面的评估没有相对固定的形式。

行为层评估需要直接上级、HR 部门相关人员定期跟踪，还需要员工本人、同事等进行评估；结果层评估更需要经营部门共同分析，更涉及企业的收入利润等机密。如果仅凭经验和感觉来分析是没有多少说服力的，很难评估培训效果的大小，对以后开展类似培训课程也起不到指导作用。

习题

1. 培训结果的评估从哪些层次展开？
2. 有哪些评估方法？

团队架构设置

【项目导读】

组建一个合格的团队需要考虑多方面的因素。应以任务目标为导向组建团队，然后根据现实需求调整团队分工，团队内部的文化理念要一致，能够正向激励彼此，使团队走得更远。

【项目目标】

1. 能根据业务需求搭建团队
2. 能根据业务方向调整团队分工
3. 能建立团队文化理念

（一级）任务一　团队架构的搭建方法

一、选择视频创推团队成员时要关注的方面

（1）专业技能：应具备视频策划、拍摄、剪辑等方面的专业技能，以确保视频的质量和专业性。

（2）创新思维：应具备创新思维和创意，能够创作出新颖、有趣、吸引人的视频内容，以吸引用户并提高视频的点击率和传播能力。

（3）团队合作：应具备良好的团队合作精神和沟通能力，能够相互协作、共同完成任务，并确保项目按时完成。

（4）热爱视频创作：应对视频创作充满热情，愿意投入时间和精力来不断提升自己的技能和创作水平，以保证团队具有较高的创作能力。

（5）学习能力：视频制作技术和用户喜好不断变化，应具备快速学习和适应新技术的能力，以保持在行业内的竞争力。

（6）责任心：应对自己的工作负责，确保视频内容的准确性和完整性，并遵守相关的法律、法规和道德标准。

二、视频创推团队的架构

（一）编剧、导演

1. 工作内容

（1）负责短视频的整体策划，包括选题、故事线设计、情节构思等。

（2）深入挖掘用户需求和市场趋势，创作出符合品牌形象和营销策略的剧本。

（3）与摄像、剪辑等团队成员紧密合作，确保视频内容与剧本意图一致。

2. 基本素质

（1）创意丰富，思维敏捷，善于捕捉热点和用户需求。

（2）具备良好的文字表达能力和编剧技巧，能够创作出引人入胜的剧本。

（3）具备良好的沟通能力和团队合作精神，能够与团队成员有效协作。

（二）摄像

1. 工作内容

（1）根据剧本要求，负责短视频的拍摄工作，包括场景布置、拍摄角度选择等。

（2）熟练掌握各种摄像器材和拍摄技巧，确保画面质量和效果达到最佳。

（3）与剪辑等团队成员紧密配合，提供高质量的拍摄素材。

2. 基本素质

（1）熟练掌握摄像技术和器材使用方法，具备丰富的拍摄经验。

（2）对画面构图和色彩搭配有敏锐的洞察力，能够呈现出美观、富有表现力的画面。

（3）具备良好的沟通能力和团队合作精神，能够与团队成员有效协作。

（三）剪辑

1. 工作内容

（1）负责短视频的剪辑工作，根据剧本要求，对拍摄的素材进行精心剪辑和拼接。

（2）熟练掌握各种剪辑软件和特效插件的使用方法，提升视频的质量和观感。

（3）负责视频的音效设计、字幕添加等后期处理工作。

2. 基本素质

（1）熟练掌握视频剪辑和后期处理技术，具备丰富的剪辑经验。

（2）对音乐和音效有敏锐的感知能力，能够选择合适的音效和背景音乐来增强视频的表现力。

（3）具备创新思维和良好的审美能力，能够呈现出独特、富有创意的视频作品。

（四）运营

1. 工作内容

（1）负责短视频的发布、推广和运营工作，包括平台选择、内容分发、数据分析等。

（2）制定并执行短视频的推广策略，提高视频的曝光度和影响力。

（3）监测和分析视频数据，优化推广策略，提升营销效果。

2. 基本素质

（1）熟悉各大短视频平台的运营规则和算法，具备丰富的推广经验。

（2）具备良好的数据分析和处理能力，能够根据数据调整和优化推广策略。

（3）具备较强的沟通能力和执行能力，能够与团队成员和外部合作伙伴有效协作。

（一级）任务二　团队分工的调整方法

应随着组织工作任务和业务内容的变化适时调整团队分工，以确保资源的高效利用、团队成员能力的最大发挥及整体业务目标的顺利达成。以下是一些团队分工的调整方法和具体操作步骤。

一、重新审视业务需求与战略目标

（1）分析当前的业务状况：梳理近期视频创推工作的重点、难点和瓶颈，明确哪些任务需要更多的关注或资源投入，如内容策划、视频制作、渠道推广、数据分析等。

（2）更新战略目标：根据市场变化、用户反馈及竞争对手动态，修订或细化团队的短期和长期战略目标，确保与整体方向一致。

二、评估团队成员的能力与潜力

（1）技能盘点：回顾每个团队成员的专业技能、工作经验、兴趣特长，以及在现有分工中的表现，识别他们的核心竞争力和成长空间。

（2）绩效考核：基于近期的工作成果和工作态度，通过正式或非正式的绩效评估，了解团队成员在各自岗位上的实际效能和改进需求。

三、设计新的分工方案

（1）任务重组：根据业务需求和团队成员能力，重新划分和组合工作任务，可能包括增设新岗位、合并相似职责、调整工作重心等。例如，如果数据分析的重要性提升，可能需要设立专职的数据分析师；若某成员在创意策划方面表现出色，可考虑将其职责向这一领域倾斜。

（2）角色定义：清晰界定每个新角色的职责范围、工作流程、关键绩效指标及与其他角色的协作关系，确保职责边界清晰，避免工作重叠或遗漏。

四、进行沟通与协商

（1）一对一讨论：与每个团队成员进行个别谈话，解释调整原因、阐述新分工方案，听取他们对调整工作的看法、顾虑及建议，充分尊重并考虑他们的职业发展意愿。

（2）集体会议：召开团队集体会议，公开介绍和讨论新的分工方案，解答疑问，强调调整对团队整体效能提升的意义，鼓励团队成员对新角色产生认同感和责任感。

五、制订过渡计划

（1）培训与发展：针对新职责所需技能，为团队成员提供必要的培训支持，如内部研讨会、外部课程、导师指导等，帮助他们快速适应新角色。

（2）工作交接：安排平稳有序的工作交接过程，确保关键知识、工具和客户关系等顺利转移，避免业务中断。必要时，可以设定过渡期，由原岗位人员协助新角色人员熟悉工作。

六、签订或更新职责协议

（1）书面确认：将调整后的分工方案和相关职责以书面形式记录下来，形成新的职责协议或修订原有协议。这有助于明确各方责任，减少未来可能出现的误解或纠纷。

（2）签署协议：团队成员应在理解并接受新职责的前提下签署协议，正式确认角色变更。

七、持续监控与调整

（1）定期评估：实施新分工后，应定期（如每季度或半年）评估效果，查看是否达到预期的效率、任务完成率及团队满意度。

（2）灵活调整：根据评估结果，及时对分工进行微调，以应对新的业务挑战或成员发展变化。保持开放的沟通环境，鼓励团队成员在遇到问题时提出反馈，共同优化分工结构。

（一级）任务三　团队文化理念建立方法

所谓团队文化，就是团队成员坚守的价值，深信、接受原则的坚定想法——"我们就是这样"，指长期形成的具有团队个性的信念和行为。其主要内容是价值观、道德规范、团队精神和行为准则。

一、确定团队理念

团队理念一定要明确、合理，能让人入脑入心，不断激励团队成员团结奋进。

二、建立正向激励机制

正确地运用精神、物质激励，建立有效的正向激励机制是激发团队成员的力量与才能的好办法。

三、开展"新三欣会"

"新三欣会"是在传统的"欣赏自己、他人、团队"的基础上增加团体游戏、文艺表演、合唱3个环节，基本囊括了团队建设中体验式、会议式、社交式3个方法的优点，旨在通过活动使团队成员之间进行良好的沟通，在活动中注入团队文化，使团队成员建立统一的团队价值观。

习题

一、选择题

1．在组建视频创推团队时，以下（　　）不是必须关注的方面。

A．团队成员是否具备视频策划、拍摄、剪辑等方面的专业技能

B．团队成员是否拥有广泛的社交网络和粉丝基础

C．团队成员是否具备良好的团队合作精神和沟通能力

D．团队成员是否具备创新思维和创意，能够创作出新颖、有趣的内容

2．以下措施不是促进团队文化建设的有效手段的是（　　）。

A．确定明确、合理的团队发展理念，以激励团队成员

B．开展"新三欣会"活动，通过体验式、会议式、社交式的方法加强团队沟通

C．在团队内部设立严格的惩罚机制，以纠正不符合团队文化的行为

D．建立正向激励机制，包括精神和物质的双重激励

二、简答题

1．团队分工的调整有哪些步骤和方法？

2．选择视频创推团队成员时一般要关注哪些方面？